新丝路华文系列教材编委会

新丝路华文系列教材

总主编 郭熙 邵宜

暨南大学华文学院精品教材

初级华文

第五册

主编 刘慧

编者 刘慧 常芳清 郑倩倩

暨南大學出版社
JINAN UNIVERSITY PRESS

中国·广州

图书在版编目（CIP）数据

初级华文．第五册/郭熙，邵宜总主编．—广州：暨南大学出版社，2018.8
（新丝路华文系列教材）
ISBN 978－7－5668－2339－7

Ⅰ．①初…　Ⅱ．①郭…　②邵…　Ⅲ．①汉语—对外汉语教学—教材　Ⅳ．①H195.4

中国版本图书馆CIP数据核字（2018）第047009号

初级华文（第五册）
CHUJI HUAWEN（DIWUCE）
总主编：郭　熙　邵　宜

出 版 人：徐义雄
项目统筹：晏礼庆
策划编辑：杜小陆
责任编辑：杜小陆　胡艳晴
责任校对：周海燕
责任印制：汤慧君　周一丹

出版发行：暨南大学出版社（510630）
电　　话：总编室（8620）85221601
营销部（8620）85225284　85228291　85228292（邮购）
传　　真：（8620）85221583（办公室）　85223774（营销部）
网　　址：http://www.jnupress.com
排　　版：广州市天河星辰文化发展部照排中心
印　　刷：广州市快美印务有限公司
开　　本：889mm×1194mm　1/16
印　　张：8.75
字　　数：135千
版　　次：2018年8月第1版
印　　次：2018年8月第1次
定　　价：52.00元

《初级华文》（第五至六册）编写说明

《初级华文》是为来中国学习的华裔留学生编写的初级华文综合课主干教材。教材突出“华文”特色，一方面让华裔学生传承优秀的中华文化，另一方面为其展示中国当代国情和社会生活状况，使其感受现代中国的风土人情和文化发展。

《初级华文》共六册。其中第五至六册以“话题—文化—功能—语法”为纲，话题的选择主要围绕中华文化，同时注重语言技能的训练，作为初级和中级之间的过渡和衔接，起到承上启下的桥梁作用。

一、编写原则

1. 针对性

教材的内容选取充分考虑华裔学生的特点和需求，追求高效率的语言学习，体现华人学华文的特点。不依赖媒介语进行教学，生词不采用英文注释。

2. 科学性

教材语料真实、规范，根据华文语言规律和语言习得规律及难易度编排教学内容和语言点。教材中的核心字词要求认写，非核心字词要求认读。

3. 实用性

教材内容紧扣学生的学习生活、家庭生活、社交以及未来可能从事的社会活动和工作，听说读写并重，真实口语与书面表达并重。

4. 趣味性

教材力求做到课文内容生动有趣，练习设计形式多样，富有趣味性，强化学生的学习动机。

二、教材体例

《初级华文》第五至六册各9课，建议教学时间分别为一个学期（16个教学周，每周不少于10学时）。

第五至六册主教材每课均包含课前热身、开心词典、主课文（课文）、副课文（阅读课文、会话课文）、能说会用、你知道吗、经典诵读八个板块，课后有配套练习。各板块的编写理念与特点如下：

课前热身　采用图文并茂的方式呈现。以导入教学内容、激发学生兴趣为目的，注重趣味性和切入点的针对性。

开心词典　生词包括核心词和非核心词两大类，核心词是要求学生会认、会读、会写、会用的词，非核心词只要求学生会认、会读。开心词典所列均为主课文和副课文中的重点核心词。课文中标红色的词语为用法较简单的核心词；非核心词用蓝色标示于课文中，随文释义。开心词典词条后标注拼音、词性、简单中文释义。例句或短语搭配另起一行用楷体，展示词语的用法。

主课文　主课文采用旁注的形式。旁注的内容主要为：重点句式、文化注解、非核心词的释义。

副课文　第五至六册每课除主课文外，还有一篇对话体课文及一篇阅读课文。对话体课文针对本课所设定的功能项目，阅读课文注重趣味性和实用性。

能说会用　针对课文中的功能项目，给出语境或指定任务，组织学生完成对话交际练习。通过系统有步骤的训练，强化学生的口语交际能力。

你知道吗　对课文中所涉及的文化点进行介绍或阐释。引导学生了解中华文化，增强对中华文化的认同感。

经典诵读　诵读内容包括诗词佳句、经典名言、俗语谚语等，让学生感受汉语的音律之美，增强学生的语感和学习兴趣。

练习　每课练习包括4～5种常用题型，另外根据各课内容设计数种特色题型，内容涵盖语言要素及语言技能训练。既可供教师课堂上使用，也可供学习者课外选做。

希望本套教材能充分激发华裔学生学习华文的潜力，提高华裔学生语言学习的效率。教材编写乃系统工程，在编写过程中难免存在疏漏之处，欢迎各位教材使用者提出宝贵建议！

《初级华文》教材编写组

2018 年 1 月 19 日

目录

第一单元

第一课

中国饮食

课前热身

1. 你知道这些菜的名字吗？如果不知道，请在课文中找出答案。
2. 你喜欢吃哪些中国菜？和同学们分享一下这些菜的图片。
3. 你会做什么菜？给大家介绍一下这道菜的味道和做法。

开心词典

原因[1]　　yuányīn　　名词

例：找原因　主要原因

他汉语进步快的原因之一是他常常和中国朋友聊天。

之一[2]　　zhīyī

例：主要原因/问题之一　……是……之一

馒头是北方人的主食之一。

粒[3]　　lì　　量词；名词

例：一粒豆子　饭粒（儿）

每一粒米都是农民辛辛苦苦种出来的。

健康[4]　　jiànkāng　　形容词

例：很/不太健康　健康的身体　健康成长

身体健康最重要。

层[5]　　céng　　量词

例：三层小楼　薄薄/厚厚的一层雪

教学楼很高，有三十多层。

下（面条）[6]　　xià（miàntiáo）　　动词

例：下饺子　下汤圆

饺子下完了，妈妈给思华下了一碗面条。

讲究[7]　　jiǎng · jiu　　动词

例：讲究卫生　讲究色香味

中国菜不仅色香味俱全，还讲究营养。

【近】重视　zhòngshì

营养[8]　　yíngyǎng　　名词

例：营养丰富　注意营养

不同的食物有不同的营养。

美味[9]　　měiwèi　　名词

例：十分/非常美味　美味的中国菜

这道菜吃起来真是美味可口。

一带[10]　　yīdài　　名词

例：东南亚一带　华南一带

最近北京、天津一带有大雨。

深受[11]　　shēnshòu

例：深受感动　深受欢迎　深受……的影响

大象深受泰国人民的喜爱。

据说[12]　　jùshuō　　动词

例：据说家宝和家贝的爸爸很会做中国菜。

课文

南方的米饭，北方的面条

佳丽来中国后认识了两个中国朋友——王乐和张明，他们约好下课以后一起去饭店吃饭。他们点了三个菜一个汤：糖醋鱼(tángcùyú)、辣子鸡(làzǐjī)、炒(chǎo)生菜(shēngcài)和排骨汤(páigǔtāng)，还要了两个主食(zhǔshí)：一盘饺子和半打(dá)馒头。糖醋鱼酸酸甜甜的，鱼皮脆(cuì)脆的，很好吃；辣子鸡特别辣，辣得佳丽直流眼泪；生菜很嫩；排骨汤比较清淡，大家都很喜欢，每个人都喝了一碗。

王乐是南方人，很少吃面食，他对金银馒头很感兴趣。这半打馒头三个油炸(zhá)的，三个蒸(zhēng)的。王乐喜欢吃油炸过的，又脆又香；张明爱吃蒸的，又软又甜。

★炒

炒青菜；炒肉

★打：量词。

一打铅笔（12支铅笔）

★直流眼泪：直，不断地，一个劲儿地。

他热得直冒汗。

他吓得直发抖。

★炸

炸鱼；炸土豆条

★蒸

蒸饺子；蒸包子

吃完馒头之后，王乐还想吃点米饭，说不吃米饭就感觉这顿饭像没吃一样。佳丽觉得很奇怪，两个中国人，一个说馒头是点心，另一个却说馒头是主食。

张明告诉佳丽，在中国，北方人爱吃面食，南方人爱吃米饭。王乐是广州人，从小就习惯了吃米饭，他觉得包子、馒头只是点心，吃不饱。而(ér)张明是北京人，馒头、饺子之类的面食，最合(hé)他的口味(kǒuwèi)。

佳丽觉得很好奇，为什么北方人以面食为主食，而南方人以米饭为主食呢？查了资料才知道，最重要的原因[1]之一[2]是南方与北方气候条件不同，南方主要种植(zhòngzhí)水稻(shuǐdào)，而北方主要种植小麦(xiǎomài)。这大概就是中国人常说的“一方水土养一方人”吧！

★像……一样……

她长得像花儿一样漂亮。

他的汉语说得像中国人一样好。

★一……另一……

这两本书，一本是中文书，另一本是英文书。

★而

这种西瓜大而不甜。

哥哥喜欢热闹，而妹妹喜欢安静。

★……之类……

跑步、游泳之类的运动，对身体健康有好处。

★合……口味

清淡的菜合广东人的口味。

★以……为……：把……当作……

王老师以学校为家，以学生为子女。

★最……之一……

汉语是世界上最流行的语言之一。

会话

民以食为天

佳丽：家贝，你听说过“民以食为天”这句话吗？

家贝：这句话是什么意思？老百姓吃东西要看天气吗？

佳丽：不是。“民以食为天”的意思是，一日三餐是老百姓最重要的事。

家贝：爸爸说过“谁知盘中餐，粒[3]粒皆辛苦”。

佳丽：对。这句话是说粮食是农民辛辛苦苦种出来的，一粒也不能浪费。

家贝：对了，姐，上周末奶奶过生日，为什么要吃面条啊？奶奶不是不喜欢吃面条吗？

佳丽：那是长寿面！面条很长，代表长寿。奶奶过生日吃面条，是我们全家人希望她能健康[4]长寿。

家贝：原来如此。等奶奶七十岁生日的时候，我们给她准备一个七层[5]的大蛋糕，再给她下[6]一碗长寿面。

佳丽：我们还要给奶奶敬酒，敬酒词我都想好了。

家贝：是吗？说来听听。

佳丽：祝奶奶福如东海，寿比南山！我们永远爱您！

阅读课文

色香味俱全的中国菜

中国人做菜很讲究[7]，做出来的菜不但要有营养[8]，还要色、香、味俱(jù)全(quán)。菜看起来要漂亮，闻起来要香，吃起来更要美味[9]。不过不同地方的中国人，口味很不一样，可以说是“东南西北中，酸辣甜咸(xián)鲜”。

“甜”的代表是江苏菜。苏州(Sūzhōu)、无锡(Wúxī)、上海(Shànghǎi)人喜欢吃甜食，糖是他们做菜时很重要的调料(tiáoliào)。

“咸”的代表是山东菜，也称为“鲁菜(lǔcài)”。中国有八大菜系，鲁菜排在第一位。鲁菜历史悠久，是黄河一带[10]饮食文化的代表，最有名的鲁菜有四(sì)喜丸子(xǐwán·zi)、德州扒鸡(Dézhōu pájī)等。

“辣”的代表是川菜(chuāncài)和湘菜(xiāngcài)。此外，湖北(Húběi)、江西(Jiāngxī)、贵州(Guìzhōu)等地的居(jū)民(mín)也喜欢吃辣。有句话叫“四川(Sìchuān)人不怕辣，贵州人辣不怕，湖南(Húnán)人怕不辣”，说的就是这些地方的人能吃辣，也喜欢吃辣。

“酸”常常和“辣”一起出现，比如川菜中的酸菜鱼（suāncài yú）、酸辣粉（suān là fěn），湘菜中的湘西酸肉（xiāng xī suān ròu），都是酸辣可口，深受[11]人们喜爱（xǐ' ài）。山西（Shān xī）人爱吃酸，据说[12]有的山西人吃饭前要先喝三勺醋（cù），然后再吃菜。

“鲜”的代表是广东菜（Guǎngdōng cài），如广州菜（Guǎngzhōu cài）、潮州菜（Cháozhōu cài）等。广东菜清淡鲜美，有句话叫“食在广州”，意思是广州的美食很多。现在广东的早茶已经传到了美洲（Měizhōu）、欧洲（Ōuzhōu）和澳大利亚（Ào dà lì yà）等地，鲜甜的虾饺（xiājiǎo），清淡可口的皮蛋（pí dàn）瘦肉粥（shòuròuzhōu），香甜的马蹄糕（mǎ tí gāo），成为全世界华人共同的美食。

能说会用

功能：解释说明

1. ……代表/表达了……

这句话表达了我们大家的想法。

2. ……表示……

这个图案表示“禁止吸烟”。

3. ……是说……

“她不是已经知道了吗”是说“她已经知道了”。

4. ……也就是……

“湘菜”也就是“湖南菜”。

☞讨论：

1. 请简单介绍一下中国的八大菜系。
2. 你们国家有哪些关于饮食的俗语、谚语，请用中文说说它们的意思。

你知道吗

1. 一方水土养一方人

方，地方；水土，环境。这句话的意思是，不同地方的人，由于环境不同、气候不同等，他们的生活习惯、历史、文化、性格、想法等也会不一样。

例句：

中国北方人喜欢吃面食，南方人喜欢吃米饭，而西方人喜欢吃面包、喝牛奶，这就是“一方水土养一方人”。

2. 民以食为天

民，人民；以……为……，把……当作……；食，吃的东西；天，最重要的事。老百姓把食物看成是像天一样重要的东西。

例句：

民以食为天。如果吃不饱，那么工作和学习都搞不好。

3. 谁知盘中餐，粒粒皆辛苦

餐，饭；皆，都。我们盘子里的每一粒米饭，都是农民辛辛苦苦种出来的。

例句：

谁知盘中餐，粒粒皆辛苦。这两句诗告诉我们要爱惜粮食，不能浪费。

4. 福如东海，寿比南山

东海，据说是渤海；南山，终南山。比喻人的福气像海一样广大，生命像山一样长久。这两句话是祝福语，用于祝福老人健康长寿，永远幸福。

例句：

祝爷爷奶奶健康长寿，福如东海，寿比南山！

经典诵读

Rěn yī shí fēng píng làng jìng, tuì yī bù hǎi kuò tiān kōng

忍一时风平浪静，退一步海阔天空。

——《增广贤文》

练习

一、语音

1. 辨音辨调

成为 chéngwéi	称为 chēngwéi
种植 zhòngzhí	种子 zhǒng · zi
体现 tǐxiàn	体验 tǐyàn
辛苦 xīnkǔ	幸福 xìngfú
营养 yíngyǎng	有氧 yǒuyǎng
讲究 jiǎng · jiu	烟酒 yānjiǔ
原因 yuányīn	愿意 yuànyì
永远 yǒngyuǎn	长远 chángyuǎn
喜爱 xǐ'ài	西安 Xī'ān
美味 měiwèi	没味 méiwèi
如此 rúcǐ	如果 rúguǒ
文化 wénhuà	华文 huáwén
饺子 jiǎo · zi	轿子 jiào · zi

2. 朗读

悯农
李绅（唐）
锄禾日当午，
汗滴禾下土。
谁知盘中餐，
粒粒皆辛苦。

Mǐn Nóng
Lǐ Shēn（Táng）
Chú hé rì dāng wǔ,
hàn dī hé xià tǔ.
Shuí zhī pán zhōng cān,
lì lì jiē xīn kǔ.

二、写出下列词语的近义词和反义词

1. 写出近义词

辛苦________ 认为________ 讲究________ 喜爱________

2. 写出反义词

辛苦________ 嫩________ 甜________ 喜爱________

三、选择合适的量词填空

打 餐 粒 位

一____米饭 半____馒头 一日三____ 排在第一____

四、选词填空

（一）讲究 辛苦 健康 喜爱 种植 营养

1. 他身体一直很________，很少生病。
2. 中国菜特别________，不仅要有________，还要色香味俱全。
3. 农民种田很________，我们不能浪费粮食。
4. 《西游记》是我很________的小说之一。
5. 在中国，南方主要________水稻，北方主要________小麦。

（二）蒸 炸 美味 认为 成为 合 一带

1. 中国菜看起来要漂亮，闻起来要香，吃起来更要________可口。
2. 鲁菜是黄河________饮食文化的代表。
3. 我俩一起在华文学院学了三年汉语，现在________最好的朋友。
4. 这打馒头，六个是________的，六个是________的。
5. 我________看中文电视也是学习汉语，你说对吗？
6. 这盘糖醋鱼不仅________我的口味，而且很有营养。

（三）又……又…… 之一 据说 如此 原因 能 不同
像……一样…… 以……为……

1. 这家餐馆的菜________好吃________便宜。
2. ________不迟到不缺课是评选优秀学生的条件________，是真的吗？
3. A：面条很长，人们用它来祝福长寿。

   B：哦，原来________啊。

4. 他的作文写得这么好，最主要的________是他一直都很努力。

5. 老师布置的作业我下周四以前________完成。

6. 你知道吗？学生应该________学习________主。

7. ________地方的中国人，口味很不一样。

8. 我觉得不吃米饭就________这顿饭没吃________。

（四）

1. 大家都说中午一起去吃四川菜，________佳丽________说想去吃广东菜。（而　却）

2. 江苏菜以甜为主，________广东菜________以鲜为主。（而　却）

3. 我们班这次考得________好，家贝考得________好，是第一名。（很　最）

4. 今天________热，也许是这个月最热的一天了。（特别　比较）

5. 我觉得思汉的汉语说得________好，几乎跟中国人一样，可是他还想说得________好。（特别　更）

6. 佳丽说蒸饺子________好吃，可我认为炸饺子________好吃一些。（更　最）

五、判断指定的词语应放在句子中 A、B、C、D 哪个位置上

1. 在中国，A 北方人喜欢 B 吃面食，C 南方人 D 喜欢吃米饭。（却）

2. A 今天北京 B 都下雪了，C 广州 D 还像春天一样暖和。（而）

3. A 他 B 喜欢吃中国菜，C 喜欢吃的是湘菜 D。（最）

4. 大家现在 A 已经 B 学会了不少汉字，以后 C 还要学 D 多的汉字。（更）

5. 这个 A 问题 B 难，我 C 要好好 D 想一想。（比较）

6. A 他 B 跑得好快呀，C 运动员 D 一样。（像）

7. A 这种 B 又嫩又鲜的 C 青菜很 D 他的口味。（合）

8. A 王乐 B 很喜欢吃 C 中国菜，D 是四川菜。（特别）

六、完成下面的句子

1. 中国菜很讲究色香味俱全，所以________。（又……又……）
2. 李老师是我的班主任，也是________。（……之一）
3. 听说他请假回国了，________。（原因）
4. 为什么过生日要吃面条呢？________。（据说）
5. 爸爸又要上班，又要去医院照顾妈妈，________。（辛苦）
6. 每天早上起床后就去打太极拳，________。（成为）

七、使用“动词＋起来”趋向补语格式改写下面的句子

例：这件事说一说很容易，真的去做其实挺难的。

这件事说起来容易，做起来难。

1. 这苹果一看就好吃。

____

2. 这盘菜闻着好香啊！

____

3. 这种果汁喝着很甜。

____

八、根据课文内容，回答问题

1. 佳丽跟谁一起去饭店吃饭？

____

2. 他们点了哪些菜？

____

3. 南方人喜欢吃什么？北方人喜欢吃什么？为什么？

____

4. 奶奶过生日为什么要吃面条？

____

5. 中国菜的色、香、味是指什么？

____

九、综合填空

据说，早餐提供的能量和________在一天中十分重要，如果早餐的营养不够，很难________午餐中得到补充。长期不吃早餐是一个人营养不良的主要原因________。

还有一项调查报告说，不吃早餐，一上午都会觉得饿，一有机会吃东西，人们________会多吃，这就是不吃早餐的人更容易长胖的________。

十、从下列词语中选用六个写一段话

美味　合……口味　又……又……　讲究　而　原因　之一　辛苦
喜爱　健康　据说　营养　能够　认为　成为　永远　文化　如此
不同

____
____
____
____
____
____
____
____
____
____
____
____
____

十一、请选择正确的菜名，填在括号里

皮蛋瘦肉粥　四喜丸子　酸菜鱼　酸辣粉　湘西酸肉　虾饺　马蹄糕　德州扒鸡

（　　　　）　（　　　　）　（　　　　）

（　　　　）　（　　　　）　（　　　　）

（　　　　）　（　　　　）

第二课

中医中药

课前热身

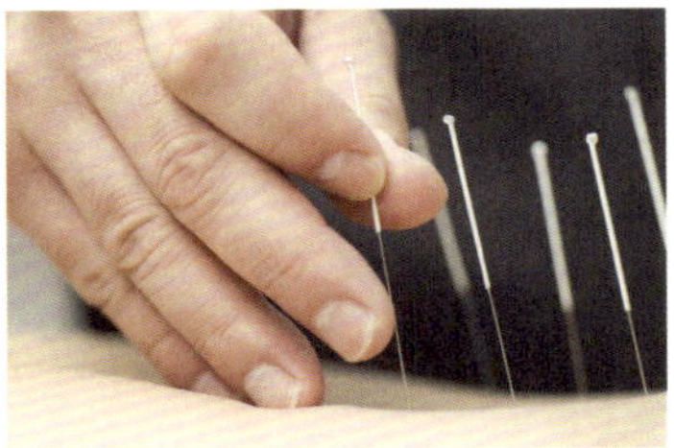

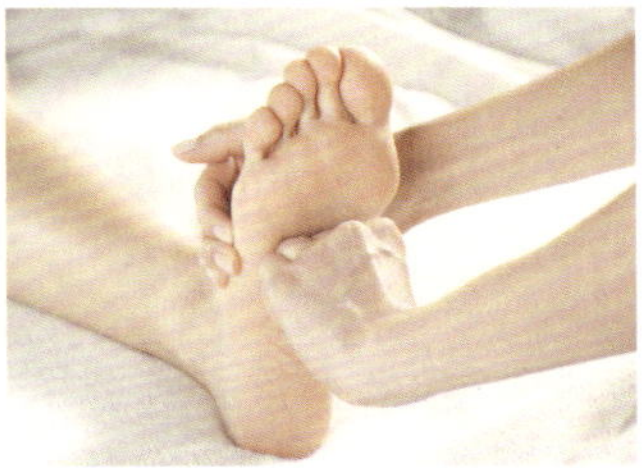

1. 看到第一幅图，你想到了什么？
2. 第二幅和第三幅图中的人物叫什么名字？
3. 第四、五、六幅图是中医的什么治疗方法？

开心词典

规模[1]　　guīmó　　名词

例：扩大/缩小规模　规模较大/较小

世界上规模最大的运动会是奥运会。

水平[2]　　shuǐpíng　　名词

例：高/低水平　文化/生活水平　提高汉语水平　水平很高/较低

同学们进步很快，汉语水平有了很大的提高。

珍惜[3]　　zhēnxī　　动词

例：珍惜生命/粮食　更加/十分珍惜

每个人都要珍惜时间。

【近】爱惜　àixī　【反】浪费　làngfèi

争取[4]　　zhēngqǔ　　动词

例：争取机会/成功/胜利　主动/努力争取

我们今天争取把作业写完。

至少[5]　　zhìshǎo　　副词

例：至少半小时/五个人　至少要几百块钱

骨折至少需要休息半年。

【近】起码　qǐmǎ　【反】至多　zhìduō

恢复[6]　　huīfù　　动词

例：恢复正常/体力　已经/很快/慢慢/还没有恢复

她吃了中药，身体恢复了健康。

由于[7]　　yóuyú　　连词

例：由于……因此……

由于下大雨，因此飞机不能按时起飞。

【近】因为　yīn · wèi

因此[8]　　yīncǐ　　连词

例：他由于大腿骨折，因此不能来上课。

【近】所以　suǒyǐ

效果[9]　　xiàoguǒ　　名词

例：效果很好/较差　良好的/最佳效果　产生/有效果

运动减肥的效果不错。

根本[10]　gēnběn　副词

例：根本解决/改变　根本不/没

刚来广州时，佳丽根本不会说广州话。

采用[11]　cǎiyòng　动词

例：采用……的建议/技术

中医采用诊脉、按摩等方法治病。

减轻[12]　jiǎnqīng　动词

例：减轻……的负担/压力

锻炼了一个月，她的体重减轻了。

【近】减少　jiǎnshǎo　【反】加重　jiāzhòng

延长[13]　yáncháng　动词

例：延长两个小时/三年　延长到明年　延长到晚上十点

会议延长了三天。

【反】缩短　suōduǎn

不约而同[14]　bùyuē'értóng

例：说起中国篮球，大家都不约而同地想到了小巨人姚明。

仔细[15]　zǐxì　形容词

例：仔细看了看/考虑/观察　非常/不太仔细　仔仔细细

他仔细一想，父母说的话其实很对。

【近】细心　xìxīn　【反】粗心　cūxīn；马虎　mǎ·hu

根据[16]　gēnjù　动词

例：根据……的规定/情况/要求/需要/条件

根据学校的规定，新生每年9月报名入学。

解决[17]　jiějué　动词

例：解决问题/困难/矛盾　认真/不能/得到解决

老师和同学们帮他解决了这个问题。

课文

★而

美丽而聪明；营养而美味

北方的冬天干而冷。

★回忆

回忆过去

美好的回忆

★不但……而且……

这孩子不但聪明而且努力。

这道菜不但好看而且好吃。

★生长

生长出来；树木生长

生长得很快/好/慢

★除了……也/还……

他除了学习普通话，也/还学习了广东话。

除了他，王乐也要参加比赛。

古老（gǔ lǎo）而神奇的中医

2008年8月，第29届夏季奥运会（Àoyùnhuì）在中国北京举行，这是中国历史上第一次举行全世界规模[1]最大、水平[2]最高的运动会。“小巨人”姚明代表自己的祖国（zǔ guó）——中国参加了这次奥运会。姚明非常珍惜[3]这次机会，他说他愿意尽最大的努力去争取[4]奖牌（jiǎngpái），如果能够拿到奖牌，这会成为他最美好的回忆（huí yì）。

可是，你也许还不知道，就在2008年2月，姚明左脚严重骨折（gǔ zhé），美国医生说姚明必须先做手术（shǒushù），手术之后，至少[5]要休息4个月才能比赛。姚明不但没有做手术，而且恢复[6]得又快又好。姚明到底用了什么治疗方法？答案是：中医。

中医不但给姚明涂药膏（tú yàogāo），而且让他吃中药，扎（zhā）针灸（zhēn jiǔ）。由于[7]中医的方法能够帮助骨头（gǔ·tou）生长（shēng zhǎng），因此[8]治疗的效果[9]非常好。

除了姚明之外，南非（Nán fēi）前总统（zǒngtǒng）曼德拉（Màn dé lā）先生也是中医的粉丝。1994年，来自四川的中医罗长贵（Luó Cháng guì）给曼德拉先生治病。开始的时候，南非政府（zhèng fǔ）只给罗长贵办了3个月的签证（qiānzhèng），因为他们根本[10]不相信中医能够治好曼德拉先生的病。后来罗长贵采用[11]中医的推拿、针灸、按摩等方法，减轻[12]了曼德拉先生的病痛。作为曼德拉的私人（sī rén）医生，罗长贵的签证也从3个月延长[13]到了3年。罗长贵回国时，曼德拉亲手写了一封（fēng）信给他，信中说，他从来没想到中医是这么神奇。

★作为……

作为班主任，我关心你们是应该的。

作为学生，我想感谢老师。

★私人

【反】集体；公家

会话

小病不治，大病难医

佳丽：大伟，最近怎么样？在忙什么呢？

大伟：唉，别提了，最近总是上网打字，手和脖子都很疼。

佳丽：是吗？现在大家整天盯着电脑和手机，不少人的手腕（shǒuwàn）和脖子都很疼。

大伟：就是啊，我的手腕和脖子也是一转就疼，疼得我什么事都干不了。

佳丽：我建议你去看看中医，试试针灸、推拿。

大伟：效果好不好？常听人说起中医，但从来没试过呢。

佳丽：针灸是中医的传统治疗方法。很多病人用针灸治好了牙痛、关节炎等疾病。

大伟：是啊，报纸和电视上常说，运动员受了伤，也会请医生推拿按摩。

佳丽：对，推拿主要用来治病，按摩主要是消除（xiāochú）疲劳。中医院都有针灸推拿科，你可以去找大夫看看。

大伟：看来你很懂中医啊，什么针灸、推拿、按摩，说起来一套一套的。

佳丽：我舅舅是中医，这些东西都是他告诉我的。

大伟：那我还去什么医院啊，直接找你舅舅不就行了。

佳丽：真不巧，我舅舅去印度尼西亚旅游了，过些日子才能回来。

大伟：那我明天去中医院挂（guà）个专家号（zhuān jiā hào）看看。俗话说，小病不治，大病难医。趁现在还是小病小痛，赶紧治好。

佳丽：好的，等我舅舅回来了我带你去见见他。回见！

阅读课文

对症下药（duì zhèng – xià yào）

华佗（Huà Tuó）是中国古代著名的医生。有一次，有两个官员，一个叫倪寻（Ní Xún），另一个叫李延（Lǐ Yán），他们不约而同[14]地来找华佗看病。他俩都头痛、发烧，看上去好像得了一样的病。华佗仔细[15]地帮他们诊脉（zhěn mài），看脸色和舌苔（shé tāi），然后说："你们一个要吃拉肚子（lādù·zi）的药，一个要吃发汗（fā hàn）的药。"两人听了非常奇怪，问华佗："为什么我们都是头痛、发烧，您给我们开的药方却不同呢？您没有弄错吧？"

华佗笑着解释说，虽然你们看上去都是头痛、发烧，但是原因不一样。倪寻的头痛、发烧是消化不良（xiāohuà bù liáng）引起的，他吃的东西太多了，没有消化，所以要吃拉肚子的药。可李延的头痛、发烧是天气寒冷引起的，所以要吃发汗的药。

倪寻和李延吃了华佗开的药，很快就好了。后人把这个故事叫做"对症下药"，意思是根据[16]生病的症状（zhèngzhuàng）和原因，采用不同的治疗方法。现在这个成语也用来比喻根据问题特点的不同，采用不同的解决[17]方法。

能说会用

功能 1：难过

1. 别提了！
2. 唉，真倒霉！
3. ______________________________

☞讨论：

你昨天出去逛街，丢了钱包，心里很难过，可以怎么说？

功能 2：遗憾

1. 真不巧。
2. 很可惜。
3. 要是……就好了。

要是我早点去买机票就好了。

4. ______________________________

☞讨论：

你去找朋友，他正好出去了，可以怎么说？

功能 3：建议

1. 我建议……

明天的早读课我建议大家读一读第二课的课文。

2. 试试……

如果你不喜欢那双鞋，就试试这双黑色的吧。

3. 你可以去……

这个病这么久都治不好，你可以去试试中医哦。

4. ______________________________

☞讨论：

有个同学不知道该怎么学习才能提高汉语听说能力，请你给他一些建议。

你知道吗

1．中医和中药

中医指的是中国劳动人民创造的传统医学，也叫汉医。日本的汉方医学、韩国的韩医学、越南的东医学等都来自中医。中医把人的身体看成一个整体，通过“望、闻、问、切”来诊断病情，用中药、针灸、推拿、按摩、拔罐、气功、食疗等多种治疗方法，帮助人消除病痛，恢复健康。

中药是几千年来中国人民发现、使用的药物，包括中草药、中成药等。中药可以帮助身体增强抵抗疾病的能力（免疫力），中药副作用小，天然健康，价格也不贵。

2．神医华佗

华佗，字元化，东汉末年著名的医学家，被人们称为“神医华佗”。他非常善于根据病人不同的发病原因和情况，采用不同的治疗方法，即“对症下药”。华佗还创造了一种体操，叫“五禽戏”。“五禽”的意思是五种动物，即虎、鹿、熊、猿、鸟，华佗让人们学习这五种动物的动作，锻炼身体，预防疾病。华佗还是中国历史上第一位进行外科手术的医生，也是第一位发明麻醉药的医生。

3．奥运会

奥林匹克运动会简称“奥运会”。奥运会最早开始于两千多年前的古希腊，有夏季奥运会、冬季奥运会（简称“冬奥会”）、残疾人奥运会（简称“残奥会”）、青年奥运会（简称“青奥会”）等类型，每四年举行一次。2008 年，北京承办了奥运会和残奥会。2014 年，南京承办了青奥会。

奥运会的奖牌分为金牌、银牌和铜牌，分别奖给获得冠军、亚军、季军的人。

经典诵读

Dú zài yì xiāng wéi yì kè měi féng jiā jié bèi sī qīn
独 在 异 乡 为 异 客，每 逢 佳 节 倍 思 亲。

——唐·王维《九月九日忆山东兄弟》

练习

一、语音

1. 辨音辨调

规模	guīmó	楷模	kǎimó
争取	zhēngqǔ	震区	zhènqū
回忆	huíyì	会议	huìyì
恢复	huīfù	回复	huífù
由于	yóuyú	忧郁	yōuyù
生长	shēngzhǎng	伸展	shēnzhǎn
政府	zhèngfǔ	征服	zhēngfú
延长	yáncháng	演唱	yǎnchàng
从来	cónglái	重来	chónglái
解决	jiějué	结局	jiéjú

2. 朗读

渔歌子·西塞山前白鹭飞	Yú Gē Zǐ · Xī Sài Shān Qián Bái Lù Fēi
张志和（唐）	Zhāng Zhìhé（Táng）
西塞山前白鹭飞，	Xī sài shān qián bái lù fēi,
桃花流水鳜鱼肥。	táo huā liú shuǐ guì yú féi.
青箬笠，绿蓑衣，	Qīng ruò lì, lǜ suō yī,
斜风细雨不须归。	xié fēng xì yǔ bù xū guī.

二、写出下列词语的近义词和反义词

1. 写出近义词

珍惜________ 至少________ 由于________ 赶紧________

因此________ 仔细________

2. 写出反义词

珍惜________ 相信________ 减轻________ 私人________

延长________ 仔细________

三、选词填空

（一）不约而同　对症下药　采用　规模　回忆　恢复　解决

1. 只有了解生病的原因，我们才能________。

2. 近年来，随着中国影响力的扩大，汉语学习者的________也越来越大。

3. 她一讲完，大家都________地鼓起掌来。

4. 在中国学习汉语的几年里，我有很多美好的________。

5. 这次手术很成功，他的身体正在慢慢________。

6. 他想出了一个________问题的好办法。

7. 张老师________分组合作的教学方法，深受学生们的欢迎。

（二）相信　效果　减轻　消化　珍惜　争取

1. 他身体一直很棒，________他很快就会好起来的。

2. 机会是________来的，而不是等来的。

3. 这个药的________很好，吃完感冒很快就好了。

4. 每个人的生命都只有一次，希望大家能好好________。

5. 他想毕业之后马上工作，________父母的负担。

6. 这个小孩子总是不吃饭，医生说他的________不太好。

（三）必须　从来　到底　根本　因此　由于　至少

1. 他们夫妻俩感情很好，________没吵过架。

2. 她看上去________有五十岁了。

3. ________对中国文化十分热爱，他一直都在努力地学习汉语。

4. 老师布置的作业下个周末前________完成。

5. 你知道她的性格，这件事________不可能是她做的。

6. 这只小狗看上去圆圆的，________我们都叫它球球。

7. 这件事________是谁的错？

（四）

1. 她这个星期不能和我们一起出去玩了，因为她________在家照顾妹妹。（一定　必须）

2. 她________听见我们刚才的谈话了。（一定　必须）

3. 这几天，她________没来上课。（一直　从来）

4. 大学毕业后，我________没和她联系过。（很少　从来）

5. 因为我最近身体不太舒服，________没能完成老师布置的作业。（所以　因此）

6. 由于明天可能会下雨，________我想今天先去超市买点吃的。（因为　因此）

7. 这件事他一直都没告诉我，________他怕我伤心。（因为　由于）

8. ________他很关心别人，因此大家都很喜欢他。（因为　由于）

四、判断指定的词语应放在句子中 A、B、C、D 哪个位置上

1. 这件事 A 没有人能 B 帮他，他 C 自己 D 解决。（必须）

2. 为了 A 提高汉语成绩，B 我们 C 认真 D 学习汉字。（必须）

3. 他这个人 A 饭量 B 很大，每顿饭 C 吃 D 两碗米饭。（至少）

4. 如果你 A 不能来，B 也要给我 C 打个电话啊，害我 D 等那么久。（至少）

5. 这篇课文 A 太难了 B，C 我 D 看不懂。（根本）

6. 和他 A 相处这么久，我才 B 知道他这个人 C 不会 D 关心别人。（根本）

7. 她 A 长这么大，B 没有 C 出过国 D。（从来）

8. 虽然 A 我们 B 没见过面，但 C 我们一直都把对方当成自己 D 最好的朋友。（从来）

五、完成下面的句子

1. 虽然我不是很有钱，但____________________。（至少）
2. 李老师生病了，放学后，____________________。（不约而同）
3. 听音乐可以____________________。（减轻）
4. 一想到下雪，____________________。（就）
5. 我周末除了学习，____________________。（也）
6. 我虽然不太认识他，____________________。（但是）
7. 离上课还有两个小时，____________________。（于是）
8. A：明天周末，我们一起去逛街吧。
   B：____________________。（真不巧）
9. 这件事看起来容易，但____________________。（动词 + 起来）

六、连句成段

A. 它的样子看起来很像熊

B. 也是我最喜欢的动物之一

C. 身上四肢、耳朵、眼睛周围是黑色的

D. 大熊猫是中国的国宝

E. 其他地方都是白色的，可爱极了

____

七、根据课文内容，判断下列句子的对错

1. 2008 年 8 月是中国历史上第 29 次举办奥运会。（　　）

2. 姚明代表自己的祖国参加了这次奥运会。（　　）
3. 美国医生用中医疗法治好了姚明的脚。（　　）
4. 南非前总统曼德拉先生也觉得中医很神奇。（　　）
5. 针灸是中医的传统治疗方法。（　　）
6. 华佗是中国古代著名的医生。（　　）
7. 中医讲究“对症下药”。（　　）
8. 只要是头痛、发烧，华佗就用一样的方法来治疗。（　　）

八、从下列词语中选用六个写一段话

必须　才能　赶紧　根据　古老　恢复　回忆　解决　相信　效果
因此　由于　珍惜　不约而同　争取　至少　根本　延长　采用
别提了　就是啊　真不巧　对症下药

____
____
____
____
____
____
____
____

第三课

中国传统艺术

课前热身

1．你能说出图中人物在做什么吗？

2．除了图片之外，你还知道哪些中华才艺？你看过哪些有中国特色的表演？

3．如果让你在毕业晚会上表演一个中华才艺的节目，你会表演什么？为什么？

开心词典

愿望[1] yuànwàng 名词

例：实现愿望 美好的愿望

世界和平是我们共同的愿望。

【近】心愿 xīnyuàn

规矩[2] guī · ju 名词

例：遵守规矩 不守规矩 规规矩矩

不迟到、不早退、不旷课是学生必须遵守的规矩。

实现[3] shíxiàn 动词

例：实现梦想/目标 实现了理想 已经/尚未实现 努力实现

他终于实现了梦想，成为一名中医。

失望[4] shīwàng 形容词；动词

例：有点失望 感到失望 失望地走了

他的话让我很失望。

放弃[5] fàngqì 动词

例：放弃……的机会 不想放弃

他放弃了在大城市工作的机会，回到了父母身边。

求情[6] qiú//qíng 动词

例：向……求情 为……求情

他向老板求情，希望老板能够原谅他。

绝望[7] jué//wàng 动词

例：感到绝望 绝望地离开

没有工作，也没有钱，他感到很绝望。

偶然[8] ǒurán 形容词；副词

例：非常偶然 偶然的见面

他偶然听到可以申请奖学金的消息，打算试一试。

勤劳[9] qínláo 形容词

例：非常勤劳 勤劳勇敢的人民

他一年到头都在地里劳动，十分勤劳。

【反】懒惰 lǎnduò

善良[10] shànliáng 形容词

例：心地善良 善良的人们 十分/很善良

大家都很喜爱这位善良的姑娘。

孝顺[11] xiào · shùn 动词

例：孝顺父母 非常孝顺

家宝是个孝顺的孩子，每个周末都给父母打电话。

热爱[12] rè'ài 动词

例：热爱祖国 热爱工作 十分热爱

大伟非常热爱中国的传统文化和艺术。

传统[13] chuántǒng 形容词

例：思想比较/很传统 传统节日/文化/思想 优良传统

尊老爱幼是中华民族的传统美德。

成功[14] chénggōng 动词；形容词

例：取得/获得巨大成功 成功举行/完成 试验成功了

大会开得很成功。

【反】失败 shībài

魅力[15] mèilì 名词

例：很有魅力 艺术魅力

变脸很有艺术魅力，得到了中外观众的喜爱。

拉[16] lā 动词

例：拉一拉/一下 拉开/不开 拉门/车

大伟不但会拉二胡，还会拉小提琴。

【反】推 tuī

吹[17] chuī 动词

例：轻轻地吹 用力地吹 吹一口气 一阵风吹来

佳丽用笛子吹了一首《梁祝》。

【反】吸　xī

宽[18]　kuān　形容词

例：挺宽的　太宽了　宽50米

这条马路很宽。

【反】窄　zhǎi

吹牛[19]　chuīniú　动词

例：他说自己一分钟能写50个汉字，其实他是在吹牛。

课文

老外学变脸

玛丽亚来自非洲，她一直有个愿望[1]：学习川剧变脸。变脸是川剧的绝活(juéhuó)，但它有个规矩[2]："传男不传女，传内不传外。"玛丽亚是女生，又是外国人，她的愿望能实现[3]吗？

当玛丽亚第一次来到变脸老师面前时，胡老师吓了一跳：这个女孩是在开玩笑吧，一个外国人怎么能学变脸呢。胡老师马上就拒绝了。玛丽亚失望[4]地走了。胡老师以为她从此(cóng cǐ)不会再来了。

可是玛丽亚没有放弃[5]。她不但经常来看胡老师表演，还找到了胡老师的好朋友，让他们向胡老师求情[6]，请他收下自己这个洋徒弟(tú dì)。可胡老师还是没有答应。玛丽亚绝望[7]地离开了。

一次偶然[8]的机会，胡老师在电视上看到了介绍玛

★绝活

他的绝活是左右手同时写毛笔字。

★是……又是……

她是第一次来中国，又是一个人来的，所以心里有点紧张。

★吓了一跳

他突然跑进来，吓了我一（大）跳。

孩子忽然不见了，把妈妈吓了一跳。

★开玩笑

老张喜欢和朋友开玩笑。

我跟你开玩笑呢。

★从此

我从此再也没有见过他。

★徒弟

一个徒弟

★短片
一部短片
★艺术：包括书法、绘画、诗歌、音乐、戏剧、电影等。
一门艺术；传统艺术
★姑娘
一个姑娘　一位姑娘
★俗话说
俗话说：不怕不识货，就怕货比货。
★吃了……苦
为了学习武术，他吃了很多苦。
★挨了……批评
他上课常常迟到，挨了老师不少批评。
★决赛
一场决赛
她在决赛中拿到了第一名。
★最佳：最好的，最优秀的。
她获得了最佳女主角奖。
★才艺：艺术方面的才能。
他表演了变脸、京剧等中华才艺。
★时尚
虽然张阿姨50多岁了，但打扮得很时尚。
★故乡：家乡。
爷爷说他的故乡在潮州。

丽亚的短片（duǎn piàn），了解到她是一位勤劳[9]、善良[10]、孝顺[11]、热爱[12]中华传统[13]艺术（yì shù）的好姑娘（gū·niang）。他打了个电话给玛丽亚，答应教她变脸。

俗话说：“台上一分钟，台下十年功。”变脸看起来很有趣，学起来可没有那么容易。胡老师要求非常严格，玛丽亚吃了不少苦，也挨了很多批评。功夫不负有心人，玛丽亚的进步很大。在2009年世界小姐决赛（juésài）中，玛丽亚成功[14]地表演了变脸，让世界各国观众欣赏到了中华传统艺术的魅力[15]，玛丽亚也因此获得了“最佳才艺（zuì jiā cái yì）奖”和“最佳时尚（shíshàng）奖”。

来到中国十几年，中国已经成为玛丽亚的第二故乡（gù xiāng）。现在，玛丽亚经常挂在嘴边的一句话是：“我是中国人，不过黑了点。”

会话 1

我要唱京剧

丽珍：大伟，你有什么爱好？

大伟：我非常喜欢中国传统艺术，我来这里学汉语，也是为了学艺术。

丽珍：我也是。我喜欢跳新疆(Xīnjiāng)舞，唱京剧。

大伟：我爱好说相声，演小品，还有拉[16]二胡(èr hú)，吹[17]笛子(dí·zi)。

丽珍：那你喜欢京剧吗？

大伟：喜欢呀，我可是超级戏迷。

丽珍：下周大剧院(jù yuàn)有京剧表演，下个月咱们学校还要举行曲艺(qǔ yì)联欢会。

大伟：真的吗？太棒了！我想去看京剧表演，一起去，怎么样？

丽珍：没问题，我知道订票电话，送票上门，学生还可以打折。

大伟：太好了！我还想报名参加曲艺联欢会，不知道行不行？

丽珍：当然可以，你问问学生会的同学怎么报名吧。

大伟：好的，我现在就去。

丽珍：你看谁来了？

大伟：哈哈，真是说曹操，曹操到。

（学生会主席思汉骑自行车过来了）

大伟：思汉，听说学校下个月要举行中外学生曲艺联欢会，我能参加吗？

思汉：当然可以啊。联欢会少了你怎么行啊？到时就看你的了！

会话 2

相声《绕口令(ràokǒulìng)和对联(duìlián)》

甲：你会说绕口令吗？

乙：当然会啦。你听好了啊。

甲：十是十，四是四。十四是十四，四十是四十。不能把十四说成四十，也不能把四十说成十四。

乙：原来你也会啊。

甲：给你个机会，让你表现一下。

乙：坡(pō)上立(lì)着一只鹅(é)，坡下就是一条河。宽[18]宽的河，肥肥的鹅。

甲：鹅要过河，河要渡(dù)鹅，不知是鹅过河，还是河渡鹅？

乙：我还没说完呢，你怎么抢我的词儿啊？

甲：哈哈，这个我也会。你能说个我不会的吗？

乙：你会对对联吗？

甲：没有我不会的，我是“小诸葛亮(Zhūgě Liàng)”。

乙：那你听好了。我的上联是“一帆风顺(yīfān-fēngshùn)年年好”。

甲：那我对个“万事如意步(bù)步高”。

乙：我再来个上联，“春夏秋冬，一年四季，季季有美景”。

甲：这个嘛，让我想想。

乙：你不是“小诸葛亮”吗？原来是吹牛[19]啊。

甲：谁说我吹牛？听好了，“听说读写，四种本领，样样我都行”。

乙：又开始吹了，天上都是牛在飞。你能谦虚点吗？

甲：跟你开玩笑的。有句话说得好，“活到老，学到老”。

乙：没错，咱们今天先说到这儿。再会了！

能说会用

功能：加强肯定的语气

1. 当然可以啊。
2. 这还用说吗？
3. 那是一定的！
4. 没有……不会的。
5. 你不去不行。
6. 我亲眼看见……
7. ______________________________

☞讨论：

你一定要参加这次汉语节目表演，你可以怎么说？

你知道吗

1. 传男不传女，传内不传外

中国古代一直都是以家族为单位，重男轻女，女孩到了婚嫁年龄就会嫁到别人家，传给女孩的话，怕她们把自家绝学带到婆家去，传内不传外的道理也是如此。所以中国很多传统的东西都是传男不传女，传内不传外，比如武术绝学、祖传的中医秘方等。现在这种情况已经得到了很大的改变。

2. 台上一分钟，台下十年功

这句话本意指在台上表演的时间往往只有短短的一分钟，但为了台上这一分钟的成功表演，演员在台下需要付出十年的刻苦练习，不像看起来那么容易的。也说“台上十分钟，台下十年功”。

3. 功夫不负有心人

功夫：同“工夫”，指占用的时间，勤奋地做了有用的事。负：辜负，对不起。有心人：肯努力，肯动脑筋的人。有心：用心，仔细认真。

功夫不负有心人的意思是：只要用心去做一件事，就会取得成功。说明事情的成功，在于肯付出辛勤的劳动。与“坚持就是胜利”意思大致相同，但“功夫不负有心人”是指用心做，而“坚持就是胜利”则多表示坚持。

4. 说曹操，曹操到

“说曹操，曹操到”讲的是，有一天有人对汉献帝说，曹操能保护皇帝的安全。汉献帝正准备把曹操叫过来的时候，曹操就来了。汉献帝就说，真是说曹操曹操就到啊。“说曹操，曹操到”现在的意思是，当你在说一个人的时候，他突然就来到你的面前。

5. 中华传统艺术

中华传统艺术有几千年的历史，种类十分丰富。包括国画、书法、音乐、舞蹈、戏曲、园林、建筑、雕塑、工艺美术、传统服饰等，课文中的川剧、京剧、绕口令、相声、对联、拉二胡、吹笛子等都是中华传统艺术。中华传统艺术受到了中国人民和世界人民的喜爱。

经典诵读

Yī nián zhī jì zài yú chūn, yī rì zhī jì zài yú chén.
一年之计在于春，一日之计在于晨。

——南朝·梁·萧绎《纂要》

练习

一、语音

1. 辨音辨调

品尝	pǐncháng	平常	píngcháng
游览	yóulǎn	幼年	yòunián
演员	yǎnyuán	言语	yányǔ
申请	shēnqǐng	深情	shēnqíng

2. 读一读

鹅 é	坡 pō	大熊猫 dàxióngmāo	演员 yǎnyuán
帽子 mào · zi	扇子 shàn · zi	脸谱 liǎnpǔ	舞台 wǔtái
艺术家 yìshùjiā	川剧 chuānjù	联欢会 liánhuānhuì	

3. 朗读

咏鹅	Yǒng'É
骆宾王（唐）	Luò Bīnwáng（Táng）
鹅，鹅，鹅，	É, é, é,
曲项向天歌。	qū xiàng xiàng tiān gē.
白毛浮绿水，	Bái máo fú lǜ shuǐ,
红掌拨清波。	hóng zhǎng bō qīng bō.

敕勒歌	Chì Lè Gē
北朝民歌	Běicháo míngē
敕勒川，阴山下，	Chì lè chuān, yīn shān xià,
天似穹庐，笼盖四野。	tiān sì qióng lú, lǒng gài sì yǎ.
天苍苍，野茫茫，	Tiān cāng cāng, yě máng máng,
风吹草低见牛羊。	fēng chuī cǎo dī xiàn niú yáng.

二、写出下列词语的反义词

拒绝________　　勤劳________　　传统________

成功________　　宽________　　拉________

三、选词填空

（一）成功　传统　愿望　放弃　规矩　失望　吹牛

1. 虽然又失败了，但他没有________，更没有________自己的理想。
2. 中国有很多有趣的________文化。
3. 听说学习变脸有很多________。
4. 他取得的________并不是靠运气，而是靠他自己的努力。
5. 在他心里一直有一个________，那就是到中国学习变脸。
6. 你这么爱________，没有人会相信你的话。

（二）绝望　求情　偶然　勤劳　善良　孝顺　魅力　热爱

1. 他们全家都________艺术：爸爸喜欢唱京剧，妈妈喜欢跳新疆舞，他喜欢画画。
2. 他对父母很________，每个周末都回家看望父母。
3. 当医生告诉她，她的腿以后都不能跳舞了，她________地哭了。
4. 她向老师________，请老师再给她一次机会。
5. 玛利亚是一个美丽而________的姑娘，她常常帮助别人。
6. 我的父母都是农民，他们很________，每天都在地里干活。
7. 以前我没有见过他，只是一个________的机会，我们不仅认识了，还成了好朋友。

8. 她表演的变脸充满了________，大家看完都鼓起掌来。

（三）吹 挂 渡 拉 立 宽

1. 墙上________着一幅画。
2. 我从小就喜欢________笛子。
3. 王老师既会________二胡，又会________小提琴。
4. 这条河好________啊，我们坐船过去吧。
5. 如果没有船，没有一个人能________过这条河。
6. 那个小鸟一只脚________在树枝上。

四、判断指定的词语应放在句子中 A、B、C、D 哪个位置上

1. 我 A 他 B 再也不会来了，C 可他第二天 D 又来了。（以为）
2. A 他是韩国人，B 他明明 C 是日本人嘛 D。（谁说）
3. 我 A 不想明天 B 回家，还有 C 好多地方 D 没去过呢。（可）
4. 他 A 把北京 B 当成了 C 他的第二个故乡 D。（已经）

五、完成句子

1. 这孩子________________________，真让人喜欢。（是……又是……）
2. 你别跟他生气，________________________________。（开玩笑）
3. 他表演的中国武术很有魅力，______________________。（最佳……）
4. 变脸________________________，学起来还真不容易。（看起来）

六、完成会话

1. A：你怎么了？一副紧张的样子。

   B：____。（吓了一跳）

2. A：他表演的变脸真是太成功了！

   B：______________________________________。（吃了不少苦）

3. A：听说你很喜欢中国功夫，真的吗？
   B：当然是真的，________________________。（挂在嘴边）
4. A：你是三年前在电视上第一次看到变脸表演的吗？
   B：是啊，____________________________。（从此）
5. A：你知道他最近为什么不开心吗？
   B：听说________________________。（挨了不少批评）

七、连句成段

A. 有时也可点头表示友好

B. 而遇到好朋友

C. 走在路上，遇到认识的人应该主动打招呼

D. 除了问候外，还可以问问对方家人的情况

____

八、根据课文内容，回答下列问题

1. 玛丽亚有个什么愿望？

____

2. 变脸有个什么规矩？

____

3. 胡老师最后为什么答应教玛丽亚变脸？

____

4. 大伟的爱好是什么？

____

5. “一帆风顺年年好”的下联是什么？

____

九、从下列词语中选用六个写一段话

成功　中华　传统　谁说　艺术　拉　开玩笑　是……又是……　实现
放弃　失望　愿望　绝望　偶然　善良　勤劳　吹牛　求情　热爱

____

____

____

____

____

____

____

____

十、请为下面的乐器选择正确的名称

二胡　笛子　琵琶　古筝　箫　葫芦丝

（　　　　）

（　　　　）

（　　　　）

（　　　　）

（　　　　）

（　　　　）

第二单元

科技改变生活

第四课

现代通信方式

课前热身

1. 图中的物品是什么？它们给我们的生活带来了哪些好处和坏处？
2. 如果让你一天不用它们，你能做到吗？为什么？

开心词典

陌生[1]　　mòshēng　　形容词

例：陌生人　陌生的环境　感到很陌生

刚到学校时，一切都很陌生。

【反】熟悉　shú · xi

关心[2]　　guānxīn　　动词

例：关心家人　对……十分关心　大家最关心的问题

老师很关心我们。

响[3]　　xiǎng　　动词；形容词

例：响了起来　响了一下　不响　很响　吹响　敲响

外面响起了他的笑声。//他一回到家，电话就响了。

孤独[4]　　gūdú　　形容词

例：孤独的老人　孤独地生活　非常孤独

思华有很多朋友，一点儿也不孤独。

【近】孤单　gūdān；寂寞　jìmò　【反】热闹　rè · nao

满面[5]　　mǎnmiàn　　动词

例：红光满面　泪流满面　满面怒容　满面愁容　满面病容

看到孩子回来了，父母都满面笑容。

惊喜[6]　　jīngxǐ　　形容词

例：惊喜地问　惊喜的表情　感到非常惊喜

他不知道同学们为他准备了生日晚会，觉得十分惊喜。

紧[7]　　jǐn　　形容词

例：紧紧抓住　紧紧地关着　很紧

这件衣服又短又紧，有大一点的吗？

【反】松　sōng

握[8]　　wò　　动词

例：手里握着一支笔　握了握手　握一握手

他和朋友们握手告别。

精心[9]　　jīngxīn　　形容词

例：精心照顾/安排/考虑　非常/十分精心

为了这次联欢会，留学生们精心准备了几个节目。

转眼[10]　　zhuǎnyǎn　　动词

例：转眼之间　转眼就是　转眼又到了……　一转眼就不见了

转眼一个学期就过去了，马上要期末考试了。

温暖[11] wēnnuǎn 形容词；动词

例：气候温暖　感到温暖　温暖了我的心

思汉住院的时候，老师和同学们都去看望他，他觉得心里很温暖。

【近】暖和　nuǎn · huo　【反】寒冷　hánlěng

各种各样[12] gèzhǒng-gèyàng

例：各种各样的语言　各种各样的衣服

他工作了很多年，见过各种各样的人。

浇[13] jiāo 动词

例：浇花　浇了两盆水

记得给我的花浇浇水。

等待[14] děngdài 动词

例：等待机会　等待放假　一直在等待

奶奶在做手术，爸爸妈妈一直在外面等待。

【近】等候　děnghòu

亲密[15] qīnmì 形容词

例：关系亲密　亲密的朋友　亲密相处

他们俩非常亲密。

轻松[16] qīngsōng 形容词

例：轻松愉快　轻轻松松地完成作业

考完试，大家都感觉很轻松。

【反】辛苦　xīnkǔ；紧张　jǐnzhāng

记录[17] jìlù 动词

例：把电话号码记录下来　用文字记录语言　记录声音

请把这道题的答案记录下来。

课文

来自陌生人的短信

“叮(dīng)”的一声，思华打开手机，是一位陌生[1]人发来的短信：

孩子，天凉了。多穿点衣服，不要感冒了。

虽然不认识这个号码(hàomǎ)，但是思华心里非常感动。他回了一条短信：

您发错了，但是非常感谢您的关心[2]。

“叮”的一声，手机又响[3]了。

我是一位退休老人。孩子去年车祸(chēhuò)去世了。这是他以前用过的手机号。

★车祸
一场车祸

原来是一位失去孩子的老人，他一定很孤独[4]，我陪他聊聊天吧。思华心里想。

您好！我愿意当您的孩子，陪您聊天。

接下来的日子里，思华和同屋的大伟经常给老人打电话，发短信。他们还教会了老人网上视频聊天，每次看见老人戴着眼镜(yǎnjìng)，满面[5]笑容的样子，思华和大伟都非常开心。他们打算暑假一起去看望老人，给他一个惊喜[6]。没想到，还没等到放假，思华又收到了老人发来的短信。

思华，你好！我是林老的朋友。他最近身体不太好，已经住院半个多月了。他最大的愿望就是能见你们一面，如果你们有空，可以来看看他吗？

思华把这件事告诉王老师，王老师同意他和大伟

★果然……

佳丽说她马上就到，果然她很快就到了。

爷爷说这个瓜很甜，大伟一尝，果然很甜。

★连……都……

他很穷，身上连一块钱都没有。

他去过很多地方，连北极都去过。

★在……下

在老师的帮助下，大伟进步很快。

在妈妈的照顾下，他的病很快就好了。

请假去看望林老。林老看见两个孩子，果然非常开心。他紧[7]紧握[8]住他们的手，高兴地说："我的外国孙子（sūn · zi）来看我了！"思华和大伟陪林老吃饭，看电视，还帮老人洗碗洗衣服，连医生都说："林老，您有两个这么孝顺的孙子，真是好福气（fú · qi）啊！"

在思华和大伟的精心[9]照顾下，林老恢复健康，顺利出院了。

一转眼[10]，寒假（hán jià）快到了，思华、大伟，还有好几个留学生打算一起去看望林老，陪他过一个温暖[11]而热闹的春节。

阅读课文1

放下手机一小时

"世界上最远的距离（jù lí），是我们坐在一起，你却在玩手机。"

今天，人们总是拿着手机，忙着聊天、拍照（pāi zhào）、购物、玩游戏。是的，手机确实给我们的生活带来了很多乐趣。可是当我们忙着玩手机时，也错过（cuò guò）了很多美好的事物。

如果放下手机一小时，你会做什么？

放下手机一小时，我会去跑步、爬山，呼吸大自然的新鲜空气，让身体更健康；

放下手机一小时，我会走进图书馆，借各种各样[12]的书，带回家慢慢阅读；

放下手机一小时，我会种一盆玫瑰花，给它浇[13]水，等待[14]它开出美丽的花朵；

放下手机一小时，我会牵着小狗散步，看着它开心地跑来跑去；

放下手机一小时，我会走进厨房，亲手做几道美味可口(kě kǒu)的饭菜，请父母品尝；

放下手机一小时，我会一边听音乐，一边和家人朋友喝茶聊天，面对面的交流，让大家的关系(guān・xì)更加亲密[15]。

放下手机，和家人朋友一起，享受健康、自由、轻松[16]、快乐的一小时。亲爱的你，可以做到吗？

阅读课文2

手机趣闻(qù wén)

现代社会人人都需要手机，但是我们又对它了解多少呢？世界上第一次手机通话(tōnghuà)发生在什么时候？世界上第一部智能(zhìnéng)手机有什么功能(gōngnéng)？世界上卖得最好的手机是苹果手机吗？让我们一起来看一看关于手机的趣闻吧。

第一次手机通话

世界上第一次手机通话发生在1973年的纽约(Niǔyuē)市，摩托罗拉(Mótuōluó lā)员工(yuángōng)马丁(Mǎ dīng)・库伯(Kù bó)打给乔尔(Qiáo'ěr)・恩格尔(Ēn gé ěr)的。马丁当时说：“嘿，乔尔，我是马丁。现在我用一部真正的移动(yí dòng)电话给你打电话。”

十年之后，当时用来拨打(bō dǎ)这个电话的手机成了世界上第一部用来出售(chūshòu)的手机，价格(jià gé)是3 995美元(měiyuán)。

第一部智能手机

1993年，在美国佛罗里达州（Měiguó Fó luó lǐ dá zhōu），世界上第一部智能手机出现了。它的重量（zhòngliàng）大概是一磅（即0.45公斤）。除了打电话之外，这款（kuǎn）手机还具有收发邮件（yóujiàn）、画画、记录[17]地址等功能，它也是世界上较早有触摸屏（chù mō píng）和PDA（个人数字助理）功能的手机。当时这款手机只生产了2 000部，价格是899美元。

卖得最好的手机

可能你会以为苹果手机是世界上卖得最好的手机，但事实（shì shí）不是这样。世界上卖得最好的手机是诺基亚（Nuò jī yà）1110，这款手机2005年上市，共卖了2.5亿部。也许连诺基亚自己都没想到，他们生产了那么多款手机，竟然是这部最简单的手机卖得最好。

（改编自戴持《偶尔听听也无妨　关于手机的那些趣事》）

能说会用

功能1：表示意外

1.（真）没想到

他的汉语说得那么好，我真没想到他是韩国人。

2. 竟然……

好堵车啊！平时半个小时就到了，今天竟然用了一个多小时。

3. 让……感到意外的是……

让大家感到意外的是平时胆小的她，今天在舞台上跳舞跳得那么好。

4. ____________________

☞讨论：

这是你在中国的第一个生日，同学和老师在教室里为你过生日，让你很惊喜。请用以上句式来说一说。

功能 2：设问

设问就是自问自答，自己提出问题，自己回答。

1. 你知道吗？中医可以治疗很多疾病。

2. 放下手机一小时，你会做什么？我会……

3. 智能手机有什么功能呢？现在的智能手机可以发邮件、看电影、买东西。

4. ____________________

☞讨论：

请你用设问的方法介绍一下你现在用的手机或电脑。

你知道吗

老吾老，以及人之老；幼吾幼，以及人之幼。

这句话出自《孟子 · 梁惠王上》，意思是：不仅要尊敬自己家里的老人，也要尊敬别人家里的老人，不仅要爱护自己的孩子，也要爱护别人的孩子。这说明中华文化具有尊老爱幼、助人为乐的优秀传统。直到现在，仍然值得我们学习。

经典诵读

Hǎi nèi cún zhī jǐ tiān yá ruò bǐ lín
海 内 存 知 己，天 涯 若 比 邻。

——唐·王勃《送杜少府之任蜀州》

练习

一、语音

1. 辨音辨调

关心	guānxīn	关系	guān·xì
眼镜	yǎnjìng	眼睛	yǎn·jing
城市	chéngshì	诚实	chéngshí
惊喜	jīngxǐ	精细	jīngxì
福气	fú·qi	夫妻	fūqī
精心	jīngxīn	尽心	jìnxīn
趣闻	qùwén	趣味	qùwèi
通话	tōnghuà	童话	tónghuà
事实	shìshí	试试	shì·shi
距离	jùlí	举例	jǔlì
可口	kěkǒu	可靠	kěkào

2. 朗读

逢入京使	Féng Rù Jīng Shǐ
岑参（唐）	Cén Shēn（Táng）
故园东望路漫漫，	Gù yuán dōng wàng lù màn màn,
双袖龙钟泪不干。	shuāng xiù lóng zhōng lèi bù gān.
马上相逢无纸笔，	Mǎ shàng xiāng féng wú zhǐ bǐ,
凭君传语报平安。	píng jūn chuán yǔ bào píng'ān.

二、写出下列词语的近义词和反义词

1. 写出近义词

孤独________　　温暖________　　等待________

2. 写出反义词

孤独________　　陌生________　　温暖________

美丽________　　轻松________　　紧________

三、选词填空

（一）福气　孤独　各种各样　关系　惊喜　精心　距离

1. 我们班同学之间的________都很好。
2. 他总有________的理由不来上课。
3. 刚到中国时，我一个朋友也没有，觉得很________。
4. 有你们这些好朋友，真是我的________。
5. 你知道中国到美国的________是多少吗？
6. 刚回到家，妈妈就给了我一个大大的________。
7. 这件衣服是我________为你设计的。

（二）美丽　陌生　亲密　轻松　温暖　愿望　智能

1. 上王老师的课总是很________。
2. 我从来没去过中国，因此对中国很________。
3. 中国有很多________的姑娘。
4. 他们俩的关系很________。
5. 新年你有什么________？
6. 冬天我最喜欢待在________的被窝里。
7. 现在的手机越来越________了。

（三）拨打　错过　出售　等待　关心　记录

1. 玛丽喜欢________每天开心的事。

2. 你知道哪个地方________中国的特产吗？
3. 我正准备________她的手机时，她回来了。
4. 我________了上次找工作的好机会。
5. 放学后，明明在校门口________妈妈来接他。
6. 他生病了，我们大家都很________他。

（四）可口　通话　事实　真正　移动
1. 这张桌子又大又重，一个人很难________。
2. 她偷了我的钱包，这是________。
3. 我妈妈做的饭菜很________。
4. 每天晚上，我都要和妈妈________，有时一聊就是几十分钟甚至一个小时。
5. 只有到中国，才能________了解中国社会。

（五）果然　竟然
1. 他学习汉语的时间不长，________说得这么好。
2. 妈妈说明天会下雨，第二天________下雨了。
3. 十几年没见，他________不认得我了。
4. 真没想到，她________ 40 岁了。

四、判断指定的词语应放在句子中 A、B、C、D 哪个位置上

1. 一 A 我 B 来到 C 中国 D 已经三年了。（转眼）
2. A 经过 B 这件事，C 我是 D 认识他了。（真正）
3. A 采用了 B 她的建议，C 我的汉语水平 D 提高了。（果然）
4. A 找了你 B 半天，C 你 D 在宿舍。（竟然）
5. A 我们 B 坐着，C 却都在 D 玩手机。（面对面）

五、完成下面的句子

1. 我喜欢________________________________。（一边……一边……）

2. 虽然现在大家都喜欢用手机交流，但我还是________________。（面对面）

3. 听说这部电影很好看，________________。（果然）

4. 今天天气这么好，你________________。（竟然）

六、完成会话

1. A：今天上课怎么迟到了？
   B：________________。（车祸）

2. A：你们俩现在关系怎么样啊？
   B：________________。（亲密）

3. A：老李的小孙子长得真可爱。
   B：对啊，________________。（福气）

4. A：玛丽在房间干吗啊？
   B：________________。（一边……一边……）

5. A：明天是明明的生日，我们给他准备一个生日晚会吧。
   B：先别告诉他，________________。（惊喜）

七、连句成段

A. 当名人其实是很不容易的

B. 而且他们没有自己的秘密

C. 为了事业，他们失去了个人的时间、自由，甚至是爱情

D. 因为他们说的话，做的事，时刻都在被别人关注

____

八、根据课文内容，判断下列句子的对错

1. 思华和大伟很早以前就认识这位姓林的老人。（　　）

2. 思华和大伟一起去医院看望林老。（　　）

3. 卖得最好的手机是苹果手机。（　　）

4. 手机给人们的生活带来了很多乐趣。　　（　　）

5. 手机也让人们错过了很多美好的事物。　　（　　）

九、从下列词语中选用六个写一段话

去年　趣闻　精心　惊喜　愿望　满面　温暖　轻松　亲密　各种各样

记录　事实　错过　等待　美丽　转眼　孤独　福气

第五课

网络购物

课前热身

1. 从以前到现在，人们的购物场所有哪些变化？
2. 从以前到现在，人们的购物方式有哪些变化？

开心词典

迷[1]　　mí　　动词

例：迷上了看电影　迷上了唱京剧　球迷　歌迷　影迷

她最近迷上了画画。

价廉物美[2]　　jiàlián-wùměi

例：这家超市的东西价廉物美，大家都喜欢买。

毕业[3]　　bìyè　　动词

例：高中/大学/研究生毕业　从……大学毕业　毕业生/照

毕不了业

毕业后我想当一名汉语老师。

营业[4]　　yíngyè　　动词

例：停止营业　开始营业　营业时间　营业中

其他商店都关门了，只有这一家还在营业。

发展[5]　　fāzhǎn　　动词

例：发展经济　社会/事业发展　迅速发展　发展较快　很大的发展

近几年，中国的经济发展得很快。

蒸蒸日上[6]　　zhēngzhēng-rìshàng

例：老王的公司蒸蒸日上，发展得越来越好。

插[7]　　chā　　动词

例：插花/红旗　插到/入　插进去/进来

你的 U 盘还插在电脑上，别忘了带走。

【反】拔　bá

什么的[8]　　shén · me · de　　助词

例：画画，写毛笔字什么的，他都会。

我喜欢吃的中国菜有酸菜鱼、辣子鸡丁什么的。

【近】等等　děngděng

之内[9]　　zhīnèi

例：短时间之内　三天之内　两个小时之内　四年之内

这种食品一个月之内必须吃完，不然会坏的。

首次[10]　　shǒucì　　数量词

例：首次发现/参加/采用　首次会议/合作

2008 年奥运会首次在中国北京举行。

甚至[11]　　shènzhì　　连词

例：甚至连……都……

佳丽去过中国很多地方旅游，甚至连西藏和新疆都去过。

划算[12]　　huásuàn　　形容词

例：非常划算　不划算

在学校里吃饭很划算，比外面便宜很多。

冷静[13]　　lěngjìng　　形容词

例：保持冷静　冷静下来　冷静地思考

不管遇到任何问题，他总是很冷静。

【近】平静　píngjìng　【反】激动　jīdòng

不妨[14]　　bùfáng　　副词

例：如果他没时间，不妨让别人去。

有不懂的地方，不妨多问问老师和同学。

课文

网上购物

半年多时间一转眼就过去了，家贝的汉语进步很快。他不仅在课堂上说汉语，下课以后还常常找中国朋友聊天。最近他迷[1]上了网上购物，因为网购不仅价廉物美[2]，还可以练习打字，真是一举两得。昨天他在网上买了几本汉语考试（kǎoshì）的书和一本汉语词典，打了七折，今天快递就把书送到了宿舍楼下。网购真是非常方便。

家贝在网上认识了一个卖运动鞋的姑娘，叫王晓萍。晓萍大学毕业[3]后开了一家网店，刚营业[4]时，资金（zījīn）和房租都是借的。后来大家知道晓萍的鞋子价廉物美，服务也很好，于是顾客（gùkè）越来越多，生意也越做越大。晓萍鞋店从一开始只有3名员工，只卖几个牌子（pái·zi）的运动鞋，发展[5]到现在已经有十几名员工，销售（xiāoshòu）十

★网购：网上购物简称网购。

★不仅……还……

他不仅会说汉语，还会说日语。

这家餐馆的中国菜不仅好吃，还很便宜。

★真是

真是太便宜了！

真是太棒了！

★考试

一场/门考试

★资金

没有资金；一笔资金

★于是

公共汽车上的人太多了，于是我决定走回去。

几个牌子的几千种运动鞋，网店的规模可以说是蒸蒸日上[6]。

Yìndù ní xī yà

家贝在印度尼西亚的时候，每天除了去华文学校上课，放学回家还帮妈妈卖印尼的特色小吃。虽然日子又忙又累，但家贝和家人都非常开心。他有一个愿望，就是像晓萍一样，大学毕业以后开一家网店，在网上销售印尼食品（shípǐn），让世界各地的人都能品尝到印尼的美食。

★食品

一些/进口/本地食品

会话

您的服务真好

思　华：志龙，你过来帮我看看，我的 U 盘不能用了。

志　龙：我看看。插[7]到电脑上没反应，可能是坏了。

大　伟：这不是你前两天在网上买的 U 盘吗？

思　华：是啊，真倒霉。你看，盒子和发票（fā piào）什么的[8]我还留着呢。

志　龙：这上面说一周之内[9]免费退换。你赶紧跟卖家（mài jiā）联系吧。

思　华：真的吗？太好了。我这就上网问问。

（思华在网上跟卖家聊天）

思　华：您好！我在您这买了个 U 盘，用了三天就坏了。请问可以换一个吗？

服务员：亲，您好！您不用担心，我们的商品七天之内免费退换，我把地址发到亲手机上，亲可以退货，也可以换货。

思　华：我换一个新的吧。非常感谢！你们的服务真是太好了！

服务员：不客气！这是我们应该做的。亲，请问还有什么可以帮您的吗？

思　华：没有了。希望这次不要再换了。

服务员：请放心，我们一定仔细检查之后再发货。

思　华：非常感谢！再见！

服务员：谢谢您！再见！

阅读课文

用之有节则常足

yòng zhī yǒu jié zé cháng zú

2009年11月11日是单身男女的“光棍节”，也就是在这一天，淘宝网(táobǎo wǎng)首次[10]举办“双十一”购物节活动，受到了很多单身男女甚至[11]已婚人士的欢迎。因为在这一天，网上的东西比平时折扣更多，更划算[12]。

但是11月11日过后，大家冷静[13]下来才发现，网购虽然便宜方便，价廉物美，可是也带来了不少问题：比如退货和换货都需要快递，比较麻烦；一些骗子(piàn·zi)利用假的购物网站骗钱。还有一个最让人头疼的问题就是，很多人因为网上东西便宜，购买方便，常常会买很多自己用不上的东西，甚至一天不网购就觉得很难受(nánshòu)。这样既浪费时间，又浪费钱。

中国有句古话叫“取之有度(qǔ zhī yǒu dù)，用之有节(yòng zhī yǒu jié)，则常足(zé cháng zú)”，大概的意思是，如果有计划地买东西、用东西，钱就一直够用，生活也会富足。大家在网购之前，不妨[14]把这句古话读几遍，想一想是不是真正需要这个东西，然后再买也不迟。

能说会用

功能：放心

1. 你不用担心。
2. 请放心！
3. 你把心放进肚子里去吧！
4. 心里的一块石头落了地。
5. 心里有数了/心里有底了。
6. 这下可以放心了。
7. ______________________________

☞想一想，说一说：
医生告诉病人病情不严重，让病人放心。

你知道吗

取之有度，用之有节，则常足。

这句话出自北宋司马光的《资治通鉴》。它反映了中国人勤俭节约的传统美德。小到一个人、一个家庭，大到一个国家、整个世界，要想发展，都离不开勤俭节约这四个字。节约用水，节约用电，不仅是为了省钱，也是为了保护环境。

经典诵读

Mò chóu qián lù wú zhī jǐ tiān xià shéi rén bù shí jūn
莫 愁 前 路 无 知 己，天 下 谁 人 不 识 君。

——唐·高适《别董大》

练习

一、语音

1．读一读

考试	kǎoshì	营业	yíngyè	顾客	gùkè
管理	guǎnlǐ	进货	jìnhuò	销售	xiāoshòu
发展	fāzhǎn	姑娘	gū · niang	食品	shípǐn
陌生	mòshēng	孤独	gūdú	惊喜	jīngxǐ
愿望	yuànwàng	事实	shìshí	距离	jùlí
美丽	měilì	亲密	qīnmì	出售	chūshòu
称赞	chēngzàn	富足	fùzú	轻松	qīngsōng

价廉物美　jiàlián-wùměi　　　蒸蒸日上　zhēngzhēng-rìshàng

2．朗读

忆昔	Yì Xī
韦庄（唐）	Wéi Zhuāng（Táng）
昔年曾向五陵游，	Xī nián céng xiàng wǔ líng yóu,
子夜歌清月满楼。	zǐ yè gē qīng yuè mǎn lóu.
银烛树前长似昼，	Yín zhú shù qián cháng sì zhòu,
露桃花里不知秋。	lù táo huā lǐ bù zhī qiū.
西园公子名无忌，	Xī yuán gōng zǐ míng wú jì,
南国佳人号莫愁。	nán guó jiā rén hào mò chóu.
今日乱离俱是梦，	Jīn rì luàn lí jù shì mèng,
夕阳唯见水东流！	xī yáng wéi jiàn shuǐ dōng liú.

过华清宫	Guò Huá Qīng Gōng
杜牧（唐）	Dù Mù（Táng）
长安回望绣成堆，	Cháng'ān huí wàng xiù chéng duī,
山顶千门次第开。	shān dǐng qiān mén cì dì kāi.

一骑红尘妃子笑，	Yī jì hóng chén fēi zǐ xiào,
无人知是荔枝来。	wú rén zhī shì lì zhī lái.

二、填入合适的词语

________营业　　迷上了________　　真是________　　首次________

插________　　________之内　　______什么的　　越来越______

三、选词填空

（一）插　单身　富足　管理　免费

1. 她从小就生活在一个________的家庭里，什么都不缺。
2. 我周末喜欢在家________花。
3. 她没有男朋友，还是________呢。
4. 今天中午吃了一顿________的午餐。
5. 他自己________一个公司。

（二）后来　价廉物美　头疼　考试　首次　蒸蒸日上

1. 这是我________去中国旅游。
2. 想了半天也没想到一个好办法，真让人________。
3. 开始我一点儿都不喜欢她，但________我们成了朋友。
4. 最近他的事业发展得________，规模越来越大。
5. 这个店的东西真是________，我们都喜欢去那儿购物。
6. 这次________我还没准备好。

（三）不妨　除了　甚至　真是　之内

1. 我________选口语课，还选了书法课。
2. 她________聪明。
3. 请你一天________把作业交上来。
4. 今天天气很冷，________连小鸟都不愿意出来了。
5. 二十分钟________，他就写了三百字。

6. 这个问题我不懂，你________去问问老师。

四、判断指定的词语应放在句子中 A、B、C、D 哪个位置上

1. A 我 B 周六 C 要上课，D 周日也要上课。（除了）
2. A 明天银行 B 放假，C 你 D 后天再去。（不妨）
3. 我主要 A 带了一些书 B、衣服 C、食品 D。（什么的）
4. 她 A 考了这么 B 高分，C 太 D 厉害了。（真是）
5. A 玛丽 B 最近很忙，C 吃饭的时间 D 都没有。（甚至）
6. A 我再 B 没和 C 她 D 联系过。（后来）

五、完成下面的句子

1. 她七点就起床去学校了，______________________________。（这会儿）
2. ____，我还买了很多书。（除了）
3. 这个周末我既要完成老师布置的作业，_____________________。（还）
4. 她什么都不会做，________________________________。（甚至）
5. 现在我们都喜欢网上购物，__________________________。（价廉物美）
6. 我一到晚上____。（就）

六、完成下面的会话

1. A：你买的这本书多少钱？
   B：____。（免费）
2. A：你这是第几次来中国啊？
   B：____。（首次）
3. A：昨天晚上真是太热了。
   B：是啊，我昨天_________________________________。（甚至）
4. A：这个周末干吗呢？你有什么好的想法吗？
   B：____。（不妨）
5. A：你最近上课怎么经常睡觉？

B：________________________________。（一……就……）

七、使用“不仅……还……”关联词语改写下面的句子

1. 他会说英语，也会说汉语。

____

2. 我喜欢吃苹果，又喜欢吃香蕉。

____

3. 中国有很多美丽的景色，还有很多美食。

____

4. 她长得很漂亮，学习也很好。

____

八、连句成段

A. 这是我首次在网上买书，但这之后我就爱上了网上购物
B. 卖家说书三天之内就能寄到了，果然第二天书就到了
C. 上周我去书店买书时，没找到自己喜欢的书
D. 因为我发现网上购物真是又方便又便宜
E. 于是我想不妨试试网上购物吧
F. 我在网上找到自己要买的书后，就直接付款了

____

九、根据课文内容，回答问题

1. 家贝上课时说汉语，下课以后说汉语吗？

____

2. 现在家贝为什么迷上了网购？

____

3. 王晓萍是干什么工作的？她的生意为什么越做越大？

____

4. 家贝有一个什么愿望？为什么？

____

5. 思华的 U 盘能换吗？怎么换呢？

____

十、从下列词语中选用六个写一段话

价廉物美　发展　后来　管理　毕业　消费　骗子　总额　免费　称赞　不妨　首次　除了　什么的　甚至　头疼　真是　既……还……　一……就……　不迟

____

____

____

____

____

____

____

第六课

现代交通工具

课前热身

1. 图片中的交通工具叫什么名字？请在课文中找出来。
2. 你坐过哪些交通工具？简单介绍一下它们的特点。
3. 交通工具给我们的生活带来了哪些变化？请举例说明。

开心词典

开通[1]　　kāitōng　　动词

例：开通网络　开通铁路　开通……服务

广州最近开通了一条新的地铁。

将近[2]　　jiāngjìn　　副词

例：将近四点钟　将近两小时　将近20米　将近5亿人
将近3倍
我将近四年没见过她了。

隔[3]　　gé　　动词

例：隔两天再去　隔着一条河
我们每隔两天就有一次武术课。

连接[4]　　liánjiē　　动词

例：互相连接　连接两座城市　（把）……和……连接起来
网络把世界各国连接在一起。

取消[5]　　qǔxiāo　　动词

例：取消约会　取消考试　取消原来的计划　活动取消了
校长出差了，这次的会议取消。

【反】保留　bǎoliú

准时[6]　　zhǔnshí　　形容词

例：准时回家/上课/开始　非常准时　不太准时
我会准时参加，不会迟到的。

【近】按时　ànshí

鲜艳[7]　　xiānyàn　　形容词

例：鲜艳的颜色　鲜艳的花儿　鲜艳的衣服
佳丽穿着一件大红色的旗袍，鲜艳美丽。

腼腆[8]　　miǎntiǎn　　形容词

例：腼腆的小伙子　腼腆的姑娘　性格腼腆　有点儿腼腆
丽珍腼腆，孙克活泼，他们是好朋友。

【近】害羞　hàixiū

刚才[9]　　gāngcái　　名词

例：刚才的事儿　跟刚才一样　刚才很吵
刚才来过一个电话，不知道是不是他打来的？

见证[10]　jiànzhèng　动词

例：见证……的进步　见证……的变化　见证人

我们见证了手机和电脑的快速发展。

奋斗[11]　fèndòu　动词

例：不断/一直奋斗　为梦想而努力奋斗　奋斗了几十年

年轻人应该努力奋斗。

不断[12]　bùduàn　副词

例：不断提高/进步/增加/出现

经过不断的练习，大伟终于会拉二胡了。

划[13]　huá　动词

例：划水　划艇

周末志龙和思华常常去公园划船。

乘坐[14]　chéngzuò　动词

例：乘坐飞机/火车/轮船

晓玉乘坐高铁去了上海。

实用[15]　shíyòng　形容词

例：很实用　一点儿也不实用　方便而实用

这种家具又漂亮又实用。

小巧[16]　xiǎoqiǎo　形容词

例：小巧的手机　小巧的优盘　身材小巧

这本词典非常小巧，可以放在口袋里。

灵活[17]　línghuó　形容词

例：比较/不够灵活　灵活变化/运用　灵活多样

大伟的脑子很灵活，经常想出好主意。

课文

我和高铁有个约会

2008 年，中国第一列(liè)高铁——京津城际高速铁路(jīng jīn chéng jì gāo sù tiě lù)开通[1]了，原来从北京到天津(Tiān jīn)坐火车要将近[2]两个小时，现在坐高铁仅需半小时。天津小伙子(xiǎohuǒ·zi)王东在北京上班，如今他每隔[3]几天就坐高铁回一趟家，品尝妈妈亲手做的美味晚餐。王东说，高铁让北京和天津这两座城市更近了。

2012 年，连接[4]大连和哈尔滨的大哈高铁开通了。商人王先生在这两座城市都有工厂，他成了大哈高铁的常客(cháng kè)。王先生说："以前我常坐飞机，但是飞机要安检、候机(hòu jī)，很麻烦。去年夏天，我打算跟外国客户在哈尔滨谈一笔几百万的订单(dìngdān)，但是订的航班(hángbān)忽然取消[5]了，急得我只好开车赶过去。现在高铁开通了，一天十几趟，准时[6]、方便、安全。今年一年时间，我坐了不下 100 次高铁。"对于王先生来说，高铁成了他做生意赚大钱的好帮手(bāngshǒu)。

2014 年 12 月 26 日，在南广高铁(nán guǎng gāo tiě)的一列火车上，安静的车厢(chēxiāng)突然热闹起来。只见一个小伙子拿着一大束鲜艳[7]的红玫瑰，走到一个姑娘身边(shēnbiān)，对她

★仅需

今天的作业很少，仅需 15 分钟就可以做完。

★不下：不少于。

不下 5000 元

不下半年

不下 50 次

★对于……来说

对于学生来说，学习是最重要的。

★只见……

她打开门一看，只见老师站在门口。

★求婚
向……求婚
一次求婚
★回过神来
从惊讶中回过神来
还没有回过神来
★效率
效率很高/太低了
提高效率
★上演
精彩上演；首次上演

说："嫁给我吧！"原来小伙子和姑娘已经恋爱五年了，他希望能给她一次特别难忘的求婚（qiúhūn）。姑娘答应了求婚，腼腆[8]地笑着，还没从刚才[9]的惊喜中回过神（huí shén）来。对于他们来说，高铁就像是他们的"红娘（hóngniáng）"，见证[10]了他们甜蜜的爱情（ài qíng）。

高铁让城市之间的距离越来越短，让工作和生活效率（xiào lǜ）越来越高。越来越多精彩的亲情（qīnqíng）、爱情、奋斗[11]和梦想的故事，也在高铁上不断[12]上演（shàngyǎn）。

会话

坐着高铁去旅行

孙克：思华，十一长假快到了。你有什么旅游计划吗？

思华：我打算去北京旅行，参观一下长城、故宫（gùgōng）、天安门、颐和园（yí hé yuán）等名胜古迹。

孙克：太巧了！我也想去北京。咱俩一起去，怎么样？

思华：没问题。咱俩怎么去？坐火车太慢了，坐飞机又太贵。

孙克：坐高铁怎么样？从广州到北京只要八九个小时，二等座八百多块人民币。

思华：挺好的，比坐飞机便宜多了。

孙克：咱们前四天在北京玩，后两天还可以坐高铁去天津玩玩。

思华：好啊，听说只要半个钟头。天津有什么好吃的吗？

孙克：多着呢，像狗不理包子（gǒubùlǐbāo · zi）、煎饼果子（jiānbǐngguǒ · zi）、十八街麻花（shí bā jiē máhuā），味道都很

不错。

思华：咱们可以边吃美食，边听相声。

孙克：好主意。我明天就去订票。

思华：顺便帮我订一下吧，我把护照给你。

孙克：那你也帮我一个忙，去图书馆帮我借一套四大古典名著(sì dà gǔ diǎn míngzhù)。

思华：什么古典名著？我怎么从来没听过。

孙克：你看你！王老师今天刚讲过，就是《西游记(Xī yóu jì)》《红楼梦(Hóng lóu mèng)》《三国演义(Sānguó Yǎn yì)》《水浒传(Shuǐhǔ Zhuàn)》这四本书啊。

思华：哦，想起来了。那我明天就去借，咱们一起看。

阅读课文

亚洲特色交通工具

由于面积(miàn jī)、环境、气候、人口(rénkǒu)不同，世界各国的交通工具也各不相同。下面列出了几种亚洲很有特色的交通工具：菲律宾(Fēi lǜ bīn)的吉普尼车(jí pǔ ní chē)，泰国(Tàiguó)的木船，马来西亚(Mǎ lái xī yà)的单轨火车(dānguǐ huǒchē)，老挝(Lǎowō)的漂流筏(piāo liú fá)，还有东南亚(Dōngnán Yà)国家常见的三轮车(sānlúnchē)。

（1）菲律宾的吉普尼车。这种车比较长，车身五颜六色，非常好看。它的速度(sù dù)比较慢，上车下车都很安全，车票也很便宜，因此深受菲律宾人民(rénmín)和外国游客(yóu kè)的欢迎。

（2）泰国的木船。在首都(shǒudū)曼谷(Màn gǔ)的水上集市(shuǐshàng jí shì)，妇女们戴着宽边斗笠(kuānbiāndǒu lì)，穿着她们最喜爱的蓝色棉布衣，划[13]着木船，船上放着很多新鲜的水果、蔬菜、纪念品（jì niànpǐn）等，来来往往（lái lái wǎngwǎng），非常热闹。

（3）马来西亚的单轨火车。在首都吉隆坡（Jí lóng pō），一辆单轨火车从热闹的街道（jiē dào）上方开过。这种单轨火车只有一条轨道（guǐdào），主要用来连接吉隆坡市内的各大商场，共有11站，每列火车可以乘坐[14]约150名乘客（chéng kè），速度约为25公里（gōng lǐ）/小时。

（4）老挝的漂流筏。在湄公河（Méi gōng hé）上可以见到很多大大小小、各种形状（xíng zhuàng）的漂流筏，它的特点是简单而实用[15]。在老挝，水运是一种非常重要的运输方式，因此漂流筏也是一种必不可少（bì bù kě shǎo）的交通工具。

（5）三轮车。在亚洲很多国家，经常可以见到三轮车（也叫"嘟嘟车（dū dū chē）"），这种车小巧[16]灵活[17]，速度不算很快，既可以载客（zǎi kè），也可以运货。

（作者不详，改编自《全球最有特色交通工具和公共交通方式》）

能说会用

功能1：表示批评

1. 你看你！
2. 你怎么又……
3. 你也真是太不像话了。
4. 叫我怎么说你呢？
5. 都是你！
6. ______________________________

☞讨论：

你批评同屋上课总是迟到，可以怎么说？

功能2：表示程度高的“形容词＋着呢”

“着呢”用在形容词或类似形容词的短语后，表示肯定某种性质或状态，带有夸张的语气，常用于口语。例如：

1. 这座山高着呢！≈这座山很高。
2. 这条路难走着呢！≈这条路很难走。
3. 这种花多着呢！≈这种花很多。

注意：

“形容词＋着呢”后，前面不能加程度副词，后面也不能带任何表示程度的补语。

例如：

教室里安静着呢！（不能说：教室里很安静着呢。/教室里安静着呢得很。）

☞想一想，说一说：

冬天到了，你觉得北京的冬天很冷，可以怎么说？

你觉得广州的夜晚很美，可以怎么说？

功能3：表示列举

1. ……多着呢，有……

超市里的水果多着呢，有苹果、香蕉、橙子、梨子等等。

2. 有……还有……

昨天听写得了一百分的同学有小丽、小明，还有王华、玛丽和麦克。

3. 比如……

我喜欢吃四川菜，比如麻婆豆腐、宫保鸡丁，就是我的最爱。

4. 例如……

练习汉语听力有很多方法，例如听中文歌、看中国电影、听中文广播，都是不错的方法。

5. 像……，等等

我喜欢旅游，去过不少地方，像北京、上海、广州、哈尔滨，等等，都去过。

6. 如……、……、……什么的

我很喜欢中国武术，如太极拳、咏春拳、剑舞什么的，我都想学。

☞想一想，说一说：

你们国家现在流行哪些歌曲？请你给同学们介绍一下。

你知道吗

1. 中国古代四大名著

中国古代的四大名著是罗贯中的《三国演义》、施耐庵的《水浒传》、吴承恩的《西游记》、曹雪芹的《红楼梦》。

2. 红娘

“红娘”本来是元代戏曲《西厢记》中的一个人物，在红娘的帮助下，一对青年男女（崔莺莺和张生）结为夫妻。所以后人用“红娘”来指介绍青年男女认识并结为夫妻的人。

例句：

张力是我高中同学，田芳是我大学同学。我介绍他们认识，后来他们结婚了，所以我是他们的红娘。

经典诵读

Liáng yào kǔ kǒu lì yú bìng zhōng yán nì ěr lì yú xíng

良药苦口利于病，忠言逆耳利于行。

——汉·司马迁《史记·留侯世家》

练习

一、语音

1. 辨音辨调

常客	chángkè	唱歌	chànggē
取消	qǔxiāo	取笑	qǔxiào
桥	qiáo	巧	qiǎo
效率	xiàolǜ	小路	xiǎolù
乡村	xiāngcūn	相处	xiāngchǔ
鲜艳	xiānyàn	显眼	xiǎnyǎn
奋斗	fèndòu	分头	fēntóu
回神	huíshén	回声	huíshēng

2. 读一读

面积 miànjī	交通 jiāotōng	速度 sùdù
人民 rénmín	游客 yóukè	首都 shǒudū
街道 jiēdào	轨道 guǐdào	乘坐 chéngzuò
形状 xíngzhuàng	求婚 qiúhūn	身边 shēnbiān
小巧 xiǎoqiǎo	灵活 línghuó	载客 zǎikè
亲情 qīnqíng	爱情 àiqíng	梦想 mèngxiǎng
上演 shàngyǎn	奋斗 fèndòu	腼腆 miǎntiǎn
鲜艳 xiānyàn	纪念品 jìniànpǐn	来来往往 láiláiwǎngwǎng

3. 朗读

次北固山下	Cì Běi Gù Shān Xià
王湾（唐）	Wáng Wān（Táng）
客路青山下，	Kè lù qīng shān xià,
行舟绿水前。	xíng zhōu lǜ shuǐ qián.
潮平两岸阔，	Cháo píng liǎng'àn kuò,
风正一帆悬。	fēng zhèng yī fān xuán.

海日生残夜，	Hǎi rì shēng cán yè,
江春入旧年。	jiāng chūn rù jiù nián.
乡书何处达，	Xiāng shū hé chù dá,
归雁洛阳边。	guī yàn luò yáng biān.

二、填入合适的词语

________效率	交通________	________高铁	________速度
不断________	梦想________	准时________	________面积
划________	鲜艳的______	灵活的______	小巧的______
取消________	乘坐________	连接________	见证________

三、选词填空

（一）乘坐　奋斗　连接　灵活　见证　来来往往　交通

1. 我是________高铁来广州的。
2. 北京的________很拥挤。
3. 她手脚很________，做事情又快又好。
4. 我喜欢待在马路旁边看________的人和车。
5. 我的手机不能________网络。
6. 历史是最好的________。
7. 年轻人需要努力________。

（二）街道　取消　腼腆　上演　鲜艳　效率　速度

1. 他写作业的________很快。
2. 这条________两旁都是一些特色小吃。
3. 他小时候性格十分________，现在开朗多了。
4. 你做事太慢了，要注意提高工作________。
5. 她喜欢穿颜色________的衣服。
6. 这里每天都在________着不同的故事。
7. 由于天气原因，明天的运动会________了。

（三）突然　忽然

1. 事情很________，我还没做好准备。
2. 外面________下雨了。
3. 事情发生了________的变化，我们不知该怎么办。
4. 我们正吃着饭，________有人来叫她。
5. 他说着说着，________间笑了起来。

（四）刚才　刚

1. 她________没来过这儿。
2. 我________看过一遍，不想再看了。
3. 我把________的事忘了。
4. 声音很小，________能听见。
5. 他不是________走，他早就走了。

四、判断指定的词语应放在句子中 A、B、C、D 哪个位置上

1. A 我们 B 八点钟 C 才吃晚餐 D。（将近）
2. 明天 A 请 B 把 C 作业 D 交上来。（准时）
3. 他 A 这几天 B 给我 C 打电话 D。（不断）
4. 我 A 走在路上 B，C 之间 D 下起了大雨。（忽然）
5. 我 A 已经 B 把 C 明天的约会 D 了。（取消）

五、完成下面的句子

1. 经过他的不断奋斗，________________________________。（梦想）
2. 我刚坐下，________________________________。（突然/忽然）
3. 我明天不能去北京了，________________________________。（取消）
4. 他上课从来不迟到，________________________________。（准时）
5. 这房间我刚打扫过，________________________________。（着呢）

六、完成下面的会话

1. A：______________________？（交通）

   B：很方便，坐飞机、高铁都可以。

2. A：他一和女生讲话就会脸红。

   B：______________________。（腼腆）

3. A：我把钥匙忘在屋里了。

   B：______________________。（你看你）

4. A：为什么华人春节要回家团圆？

   B：______________________。（对于……来说）

5. A：你刚才在干吗呀？我叫你半天了。

   B：______________________。（回过神来）

6. A：你是怎么来广州的啊？

   B：______________________。（乘坐）

7. A：你来中国多久了？

   B：______________________。（将近）

七、连句成段

A. 因为自行车更加灵活，可以骑进城市的每一条街道

B. 中国占地面积广阔，人口众多，交通工具也各种各样

C. 同时也可以随时停下来观察来来往往的人，看到这个城市每天上演的有趣故事

D. 但是对于我来说，还是最喜欢骑传统的自行车

____

八、根据课文内容，回答问题

1. 中国第一列高铁是什么时候开始运行的？

____

2. 大哈高铁是指哪条高铁？

3. 为什么说高铁是“红娘”？

4. 中国四大名著是哪几部小说？

5. 天津有些什么好吃的？

九、从下列词语中选用六个写一段话

首都　交通　人口　面积　纪念品　来来往往　身边　奋斗　梦想
连接　速度　见证　乡村　突然　鲜艳　运行　隔　刚才　实用

第三单元

中华美德

第七课

寓言故事

课前热身

1. 上面每一幅画都代表一个成语，你知道是什么成语吗？
2. 除了图中的成语故事，你还知道哪些成语故事？

开心词典

乐观[1]　　lèguān　　形容词

例：比较乐观　乐观的态度　乐观面对生活

大伟性格十分乐观，遇到困难从不害怕。

【反】悲观　bēiguān

为人处世[2] wéirén-chǔshì

例：他不太会为人处世，没有什么朋友。

与众不同[3] yǔzhòng-bùtóng

例：和大城市相比，边塞风光与众不同。

尊敬[4] zūnjìng 动词

例：十分受人尊敬　尊敬老人　尊敬的领导

我们要尊敬老师。

【近】尊重 zūnzhòng

安慰[5] ānwèi 动词

例：安慰我　安慰安慰　安慰一下　得到安慰

听说佳丽丢了钱包，同学们都来安慰她。

并[6] bìng 副词

例：并不是学生　并没有去旅游　并不难过

他虽然在笑，其实心里并不开心。

惊慌[7] jīnghuāng 形容词

例：十分惊慌　并不惊慌　惊慌的目光　惊慌失措　惊慌害怕

听到儿子出车祸的消息，林老心里非常惊慌。

【近】着急 zháo//jí；慌张 huāng·zhāng

远见[8] yuǎnjiàn 名词

例：有远见　没有远见　缺乏远见　富有远见

他很有远见，把两个孩子都送到中国来学汉语，后来孩子们都找到了很好的工作。

然而[9] rán'ér 连词

例：虽然失败了很多次，然而他一点也不灰心。

【近】但是 dànshì

身强力壮[10] shēnqiáng-lìzhuàng

例：青年人身强力壮，应该多干点儿活儿。

思汉练习武术之后，身强力壮，十分健康。

【反】体弱多病 tǐruò-duōbìng

被[11]　bèi　介词

例：思华的书被大伟借走了。//面条和米饭都被吃光了。

大家被川剧变脸所吸引。//广州被称为"羊城"。

牺牲[12]　xīshēng　动词

例：牺牲生命　牺牲自己

他为了救河里的小孩，牺牲了自己的生命。

绝对[13]　juéduì　形容词

例：绝对自由　绝对错误　绝对不行

"高"和"矮"是相对的，而不是绝对的。

【反】相对　xiāngduì

导致[14]　dǎozhì　动词

例：导致了不好的结果　导致身体越来越差　导致环境污染

大雨导致了交通堵塞。

忌妒[15]　jì·du　动词

例：忌妒地说/想　心怀忌妒

不要忌妒比你成功的人，而要向他们学习。

破坏[16]　pòhuài　动词

例：破坏环境　遭到破坏　严重破坏　森林被破坏

不要因为一点小事，破坏了你们的关系。

惭愧[17]　cánkuì　形容词

例：深感惭愧　惭愧万分　十分惭愧

这么简单的小事都没做好，他觉得很惭愧。

【反】自豪　zìháo；骄傲　jiāo'ào

宽容[18]　kuānróng　动词

例：绝不宽容　宽容地说　对人宽容　宽容的态度

每个人都会做错事，所以我们对人要宽容。

【近】包容　bāoróng；原谅　yuánliàng

原谅[19]　yuánliàng　动词

例：请求原谅　无法原谅　原谅别人

思汉的父母很宽容，原谅了他。

犯[20]　fàn　动词

例：犯错误　犯法

第一次犯错可以原谅，多次犯错则不能原谅。

前往[21]　qiánwǎng　动词

例：前往上海/医院　一同/独自前往　前往中国学习

前不久，刘校长前往北京大学进行了参观访问。

课文

塞翁失马

sàiwēng－shīmǎ

战国（Zhànguó）时期，有位老大爷（lǎodà·ye）住在边塞（biānsài）地区，他性格乐观[1]，为人处世[2]的想法也与众不同[3]，大家都尊敬[4]地称（chēng）他为“塞翁”。

有一天，塞翁家的马不知为什么迷路（mílù）了，没有回来。邻居们听说后，都跑来安慰[5]塞翁。可是塞翁并[6]不着急，他对大伙儿说：“谢谢大家！丢了马当然是件坏事，但谁知道它会不会带来好的结果呢？”邻居们听了都觉得有点儿奇怪。

没想到，过了几个月，那匹迷路的老马跑了回来，还带回了一匹骏马（jùnmǎ）。邻居们听到这个消息（xiāo·xi），都为塞翁感到高兴，夸他丢了马也不惊慌[7]，有远见[8]。然而[9]塞翁却说：“唉，马自己回来了，当然让人高兴，可谁知道这件事会不会带来灾祸（zāihuò）呢？”

塞翁的儿子非常喜欢那匹骏马，天天骑着它出去

★称……为……

父母称女儿为“小宝贝”。

★迷路：迷失道路。

★骏马

一匹骏马

★消息

一个消息；好消息；坏消息；一点儿消息也没有

★为……感到……

为你感到骄傲；为他感到高兴；为这事感到难过

★灾祸

一场灾祸

玩。马跑得很快，他不小心从马背上掉了下来，摔伤了一条腿。善良的邻居们听到这个消息，赶紧来看望塞翁的儿子，没想到塞翁却还是那句老话：“谁知道它会不会带来好的结果呢？”

又过了一年，边塞地区发生战争，身强力壮[10]的青年都被[11]抓去当兵(bīng)，很多人都在战场(zhàn chǎng)上牺牲[12]了。而塞翁的儿子因为腿有毛病(máo·bìng)，当不了兵，幸运(xìng yùn)地躲(duǒ)过了这场灾难(zāi nàn)。

这就是“塞翁失马，焉知非福(yān zhī fēi fú)”的故事，它说明世界上的好事与坏事都不是绝对[13]的。有的时候，坏事可以带来好的结果，好事也可能会导致[14]坏的结果。

★战场
一个战场；战场上
★毛病
一个毛病；坏毛病；老毛病；有毛病
★（当）不了
做不了；去不了
★幸运
【近】好运
【反】不幸；倒霉
★躲
躲起来；躲一下；躲开
★灾难
大灾难；一场灾难

会话

以德报怨(yǐ dé-bàoyuàn)

丽珍：玉兰，这么晚了，你还在网上看什么？

玉兰：王老师让我讲个寓言(yù yán)故事，我正发愁呢。

丽珍：别发愁了，我来帮你出出主意。我记得有个“以德报怨”的寓言故事，挺不错的。

玉兰：是吗？快讲给我听听。

丽珍：这个故事讲的是战国的时候，在楚国(Chǔguó)和魏国(Wèiguó)交界的地方，村民(cūn mín)们都喜欢种瓜。有一年雨水很少，魏国的村民每天都挑(tiāo)水浇瓜，瓜长得很好。楚国的村民看了很忌妒[15]，就去破坏[16]魏国村民的瓜地。

玉兰：那魏国村民不是很生气吗？

丽珍：可不是嘛（·ma），魏国村民气得不得了。

玉兰：那他们是不是也去破坏楚国村民的瓜地呢？

丽珍：他们打算去，但魏国县令（xiànlìng）说，如果你们互相破坏，大家就一个瓜也得不到。不如你们晚上去给楚国村民的瓜地浇水，看看他们怎么说。

玉兰：结果怎么样呢？

丽珍：结果楚国村民很惭愧[17]，也很感动。他们再也不去搞破坏了。

玉兰：这样才对嘛。大家要互相帮助，不能互相破坏。

丽珍：没错。楚国村民把这件事告诉他们的国王，国王也很感动，送了很多礼物给魏国村民。

玉兰：这个故事非常好。

丽珍：是啊，这个故事告诉我们：要学会宽容[18]，原谅[19]别人犯[20]的错误，这样也会得到别人的尊敬。

玉兰：好，谢谢你！我明天就讲这个故事。

阅读课文

穷和尚和富和尚

古时候，蜀国（Shǔguó）山区有两个和尚，一个很穷，一个很富，他们都想去当时的佛教（Fójiào）圣地（shèng dì）——南海（Nánhǎi）。

一天，穷和尚见到富和尚，对他说：“我打算去一趟南海，听说你也想去，我们一起去怎么样？”

富和尚不相信地看着他，说：“啊？我没有听错吧？你要去南海？你一分钱都没有，怎么去啊？”

穷和尚说：“我带一个水瓶，一个钵盂（bō yú）就够了。”

富和尚听了哈哈大笑，说："南海离这里有好几千里（lǐ），路也不好走。我要先买一条大船，准备很多食物，再慢慢出发。你只有一个水瓶和一个钵盂，怎么可能到南海呢？还是算了吧，别做白日梦（bái rì mèng）了！"

穷和尚听了并不生气，只是笑笑，说："我明天就出发。"

第二天穷和尚就带着他的水瓶和钵盂，步行前往[21]南海了。一路上，穷和尚一边化缘（huà//yuán）一边走，遇到了很多困难，但他努力前行，终于到了南海。

一年后，穷和尚从南海回来了，而富和尚还在准备买大船呢。

每个人都有自己的梦想，但怎么去实现呢？是像富和尚那样坐在屋里做白日梦，还是像穷和尚那样努力前行？这个故事告诉我们，一件事，如果去做了，可能会成功；如果不去做，就永远不会成功。只要我们坚持下去，克服困难，就一定能实现梦想。

能说会用

功能 1：表示赞同

1. 可不是嘛！
2. 就是啊！
3. 我也是这么想的。
4. 谁说不是呢？
5. ______________________________

☞想一想，说一说：

同学们认为学校应该增加素食餐厅，你表示同意，可以怎么说？

功能 2：表示加强否定的语气

1. 再也不……

从今天开始，我再也不迟到了。

2. 永远不……

我永远不会忘记他的。

3. 绝不会（是）……

我相信他绝不会骗我的。

4. 从来不……

她从来不说假话。

☞想一想，说一说：

你朋友怀疑你骗了她，可你没骗她，你应该怎么说？

你知道吗

1. 战国

中国古代的一个历史时期，大概是在公元前475年至公元前221年。那时候中国还没有统一，有很多小国家。其中最厉害的七个国家是秦、齐、楚、燕、韩、赵、魏，它们被称为“战国七雄”。

2. 寓言

“寓”是“寄托”的意思，古代人通过一些小故事，告诉大家深刻的道理。这些小故事就是寓言。

经典诵读

Rén shuí wú guò guò ér néng gǎi shàn mò dà yān

人谁无过，过而能改，善莫大焉。

——春秋·左丘明《左传·宣公二年》

练习

一、语音

1. 辨音辨调

克服	kèfú	刻苦	kèkǔ
安慰	ānwèi	安危	ānwēi
乐观	lèguān	悲观	bēiguān
毛病	máo · bìng	生病	shēngbìng
迷路	mílù	迷糊	mí · hu
破坏	pòhuài	破败	pòbài
善良	shànliáng	三两	sānliǎng
实现	shíxiàn	事先	shìxiān
始终	shǐzhōng	十种	shízhǒng
牺牲	xīshēng	细声	xìshēng
消息	xiāo · xi	稍息	shàoxī
灾祸	zāihuò	灾难	zāinàn
尊敬	zūnjìng	尊重	zūnzhòng
过错	guòcuò	过去	guòqù
交界	jiāojiè	交接	jiāojiē
大伙儿	dàhuǒr	小伙子	xiǎohuǒ · zi

2. 朗读

九月九日忆山东兄弟	Jiǔ Yuè Jiǔ Rì Yì Shān Dōng Xiōng Dì
王维（唐）	Wáng Wéi（Táng）
独在异乡为异客，	Dú zài yì xiāng wéi yì kè,
每逢佳节倍思亲。	měi féng jiā jié bèi sī qīn.
遥知兄弟登高处，	Yáo zhī xiōng dì dēng gāo chù,
遍插茱萸少一人。	biàn chā zhū yú shǎo yī rén.

二、写出下列词语的近义词和反义词

1. 写出近义词

灾祸________　　尊敬________　　宽容________　　许多________

毛病________　　惊慌________　　然而________

2. 写出反义词

乐观________　　绝对________　　善良________　　惭愧________

幸运________　　成功________　　身强力壮______

三、选择合适的量词填空

匹　　件　　场　　条　　趟　　块

一________腿　　一________骏马　　一________灾难

一________事　　一________钱　　去一________南海

四、把下面的成语补充完整

为人________　　身强________　　与众________　　以德________

不约________　　对症________　　一帆________

五、选词填空

（一）安慰　克服　乐观　迷路　实现　终于　牺牲　消息

1. 我今天第一次去北京路，走着走着就________了。
2. 为了救那个火灾中的孩子，他________了自己的生命。
3. 听说他儿子摔伤了腿，邻居们都来________他。
4. 他为这个梦想努力了很多年，今天这个梦想________实现了。
5. 告诉你一个好________，我们班今天的汉语节目表演非常成功。
6. 只有努力学习，________困难，坚持下去，梦想才会________。
7. 那个老大爷很________，什么困难也难不倒他。

（二）原谅 尊敬 绝对 过错 毛病 许多 善良 破坏

1. 这个宿管阿姨又________又热情，我们都很喜欢她。

2. 他知道自己错了，你就________他吧。

3. 他的腿有________，走得比较慢。

4. 我们都很喜欢王老师，他也是我最________的老师之一。

5. 对不起，这是我的________。

6. 我们要爱我们的地球，不能________环境。

7. 世界上好像没有________的好事和坏事，有时候坏事可以变成好事，好事也可以变成坏事。

8. 图书馆里有________汉语书。

（三）然而 夸 称……为…… 出（主意） 被 是……还是……
并不 再也不 可不是（嘛）

1. 你们准备表演什么汉语节目啊？________相声________京剧呢？

2. 我知道这件事都是我的错，以后我________这样了，你原谅我，好吗？

3. A：中国的变脸艺术好神奇啊，那么快就变了一张脸谱。

B：________，我都没看清楚是怎么变的，太厉害了。

4. 我以为他已经知道这件事了，然而他________知道。

5. 昨天风很大，我的帽子都________风吹跑了。

6. 虽然现在是 12 月了，北京已经零下几度了，________广州却还像春天一样暖和。

7. 思汉对广州特别熟，同学们都________他________“广州通”。

8. 这件事真让我头疼，我真不知道该怎么办了，你快给我________个主意吧。

9. 大家都________他做了一件大好事。

（四）

1. 在中国北方人喜欢吃面食，________南方人________喜欢吃米饭。

（然而　却）

2. 这件事全都是我的主意，________是他的错。（并不　再也不）

3. 对不起，以后我________骗你了。（并不　再也不）

4. 你说你不知道，我________相信呢。（才不　并不）

5. 这个________我想了好久才想明白。（毛病　问题）

6. 不用担心，这是他的老________了，过几天就会好的。（毛病　问题）

六、判断指定的词语应放在句子中 A、B、C、D 哪个位置上

1. A 这个谜语 B 好多人都猜不出来，最后 C 佳丽猜出来了 D。（被）

2. A 今天的比赛 B 虽然失败了，C 对同学们来说，D 也是一次很好的学习机会。（然而）

3. A 这个秘密 B 我 C 告诉你 D 呢。（才不）

4. 现在大家 A 都 B 知道了这个字的写法，C 希望大家以后 D 要写错了。（再也不）

5. 妈妈 A 这么做，B 是不爱你，C 是希望你做得 D 更好。（并不）

6. 今天 A 我们是读 B《成语故事》呢，C《寓言故事》D 呢？（还是）

七、完成下面的句子

1. 王老师对每个学生都很好，________________________________。（称……为……）

2. 新来的玛丽同学很可爱，________________________。（与众不同）

3. 得到这个留学的机会，__________________________。（幸运）

4. 邻居们听说老大爷家丢了一匹马，________________。（安慰）

5. 在那次火灾中，他救出了五个孩子，______________。（牺牲）

6. ____________________________________，大家都很高兴。（消息）

7. ________________________，有时候好事也可能变成坏事。（绝对）

8. 我从小就梦想有一天能到中国留学，______________。（实现）

八、连句成段

A. 其实这个想法并不对，因为家长给孩子讲故事和别人讲故事是不同的

B. 因此许多家长认为不需要自己给孩子讲故事了

C. 现在的儿童节目很多，也很好看

D. 它能帮助家长和孩子之间的感情交流

____

九、根据课文内容，回答问题

1. 塞翁的马回不来了，他着急吗？为什么？

____

2. 塞翁家意外地得到了一匹骏马，他是怎么想的？

____

3. “塞翁失马”的意思是什么？

____

4. 穷和尚为什么能成功地去南海？富和尚为什么做不到？

____

5. “以德报怨”的故事告诉我们什么道理？

____

十、综合填空

一个月前，我第一次参加了中国朋友________婚礼。对我来说，婚礼的一切都那么新鲜，就________广州这座城市一样，这个婚礼既传统________现代。这个婚礼让我了解了不少在城市生活的年轻人，他们________尊重传统的风俗，________有现代人的想法，我的收获太大了。

十一、从下列词语中选用六个写一段话

安慰　称……为……　然而　并不　才不　再也不　迷路　原谅　善良

乐观　毛病　许多　消息　尊重　尊敬　绝对　夸　躲

____

____

____

____

第八课

神话传说

课前热身

1. 你知道上面五幅图讲的是什么故事吗？
2. 除了上面五幅图之外，你还知道什么中国的神话故事？
3. 你的国家有什么神话故事？请给大家讲一讲。

开心词典

淹没[1]　　yānmò　　动词

例：房屋被洪水淹没了。

大水淹没了农田。

这次水灾很严重，洪水把乡村和城市都淹没了。

冲[2]　　chōng　　动词

例：冲水　冲咖啡　冲出去　冲上前

洪水把他的房子冲垮了。

无家可归[3]　　wújiā-kěguī

例：无家可归的灾民　许多人无家可归。

水灾过后，老百姓无家可归，十分可怜。

【反】安居乐业　ānjū-lèyè

治理[4]　　zhìlǐ　　动词

例：治理国家　治理环境污染　积极治理

如果国家治理好了，老百姓就能过上好日子。

带领[5]　　dàilǐng　　动词

例：在老师的带领下　老板带领员工

王老师带领大家取得了第一名。

哄[6]　　hǒng　　动词

例：哄孩子　哄一哄

孙子哄得奶奶哈哈大笑。

骂[7]　　mà　　动词

例：骂人

打架骂人都是不对的。

要紧[8]　　yàojǐn　　形容词

例：要紧的事　不要紧

对于学生来说，学习是最要紧的事。

【近】重要　zhòngyào

连忙[9]　liánmáng　副词

例：连忙吃完饭　连忙穿好衣服　连忙去教室

已经七点多了，他连忙走出家门去上班。

抱[10]　bào　动词

例：抱在怀里　抱着孩子

妈妈把孩子抱得紧紧的。

摸[11]　mō　动词

例：摸一摸　摸起来　轻轻地摸

这件衣服摸起来很舒服。

团圆[12]　tuányuán　动词

例：全家团圆　团团圆圆　吃团圆饭　过团圆年

春节是中国人和家人团圆的节日。

安居乐业[13]　ānjū-lèyè

例：如今的中国，社会进步，经济发展，人民安居乐业。

【反】无家可归　wújiā-kěguī

代代相传[14]　dàidài-xiāngchuán

例：成语故事在中国代代相传。

睁[15]　zhēng　动词

例：睁开眼睛　把眼睛睁得圆圆的

她太困了，眼睛都睁不开了。

闷[16]　mèn　形容词

例：烦闷　苦闷

小王一个人在宿舍，觉得很闷。

砍[17]　kǎn　动词

例：砍树　把木头砍断了

工人用斧头把那棵树砍倒了。

顶[18]　dǐng　动词

例：顶了一个碗　顶天立地

大象的头上顶着一个球。

踩[19] cǎi 动词

例：踩坏了 踩一踩 一脚踩下去

踩在草地上 踩出一条路

他的眼镜被妹妹踩破了。

倒[20] dǎo 动词

例：倒下去 房子倒了

台风把树刮倒了。

塌[21] tā 动词

例：房子塌了 倒塌 塌了下去

那座桥塌了以后，大家只能划船过河。

端[22] duān 动词

例：端盘子 端茶倒水

服务员端着一盘辣子鸡走了过来。

泼[23] pō 动词

例：泼水 泼到 把茶泼在了桌子上

泼水节那天，大家把水泼到朋友身上，互相祝福。

课文

★灾

水灾；火灾；灾难

★垮

打垮；垮掉

大禹治水

Dà yǔ

很久很久以前，黄河经常发生水灾（shuǐ zāi）。田地被淹没[1]了，房屋被冲[2]垮（kuǎ）了，人民无家可归[3]。

有个叫大禹的人下决心治理[4]洪水（hóngshuǐ）。他告别新婚的妻子，带领[5]大家治水。在出门后的第十个月，大禹第一次路过家门，这时妻子刚刚生下儿子夏启，大禹听见儿子哇哇(wāwā)的哭声，妻子边哄[6]孩子边骂[7]大禹是个不顾家(gù jiā)的人。同行(tóngxíng)的人都放慢了脚步，有人说："您回家住几天，看看孩子吧！"大禹没有停下脚步，边走边说："现在灾情严重，治水要紧[8]！"

第二次路过家门时，他远远(yuǎnyuǎn)地看见儿子已经会说话了，妻子正在教儿子喊爸爸，小夏启边笑边喊爸爸。这时妻子看见大禹，连忙[9]抱[10]着儿子跑了出来，对他说："快回家换件衣服，歇(xiē)一歇吧！"大禹亲了亲儿子，说："不行啊，许多人被洪水围在高地，我要去救人！"说完转身就走了。

大禹第三次路过家门时，奶奶告诉小夏启，爸爸就在家门口。儿子跑过来拉住了大禹。大禹一把抱起儿子，深情(shēnqíng)地摸[11]着儿子的头，叫他告诉妈妈，等洪水流进大海，他就回来和全家人团圆[12]。

大禹三过家门而不入(sānguò jiā mén ér bù rù)，花了13年时间，终于让洪水流入了大海。人民过上了安居乐业[13]的生活。

从此，大禹治水的故事代代相传[14]，在民间(mínjiān)还有这样的歌谣(gē yáo)：一过家门听骂声，二过家门听笑声，三过家门带口信，治好洪水入家门。

★边……边……
边唱边跳
边吃饭边看电视

★顾家
他总是出差，顾不了家。

★同行
他们三个一路同行，到了中国。

★远远
远远望去，那朵白云好像一匹骏马。

★歇一歇：休息一下。
等一等；尝一尝

★一把 + 动词
一把抓住；一把抱住

★深情
他深情地望着家乡的土地。

★入
进入；走入；跑入
他去年考入了北京大学。

★民间
民间故事；民间传说

阅读课文1

盘古开天辟地

Pán gǔ

很久很久以前，天地是合在一起的，没有太阳，也没有月亮，黑乎乎（hēi hū hū）的，就像一个大鸡蛋。这个大鸡蛋里住着一个人，他的名字叫盘古，他是我们的祖先（zǔ xiān）。

盘古睡在这个大鸡蛋里，一睡就睡了一万八千年。有一天，盘古突然醒了，他睁[15]开眼睛一看，觉得很奇怪：这是一个什么世界？周围黑乎乎的，什么也看不见，一点儿声音也没有，好闷[16]呀。他举起一把大斧头（fǔ ·tóu）用力砍[17]了下去，只听一声巨响（jù xiǎng），鸡蛋裂开了，蛋清（dànqīng）一样的东西慢慢向上，变成了天；蛋黄（dànhuáng）一样的东西慢慢向下，变成了地。

天和地分开以后，盘古怕它们还会合在一起，就头顶[18]着天，脚踩[19]着地。天和地分得越来越远，盘古也越长越高，长成了一个巨人。这样不知道过了多少年，盘古终于累得站不住了，倒[20]了下去。

盘古倒下以后，他呼出的气变成了风和云，他的双眼变成了太阳和月亮，他的头发（tóu· fa）和眉毛（méimáo）变成了天上的星星，他的皮肤（pí fū）变成了大地，他的血液（xuè yè）变成了江河，他的骨头变成了路和山。他的汗毛（hànmáo），变成了花草树木。

从此，天地间有了美丽的世界。

阅读课文2

女娲补天

Nǚ wā

传说在中国古代，有一位神通广大（shén tōng-guǎng dà）而又十分美丽的女神，名叫

"女娲"，她用黄土做成了许多泥娃娃，把他们变成了黄皮肤、黑眼睛、黑头发的人，从此大地上到处是欢歌笑语（huān gē-xiào yǔ），人们过着快乐幸福的生活。

不知过了多少年，一天夜里，女娲突然被一阵"轰隆隆（hōnglónglóng）"的响声吵醒了。她急忙起床，跑到外面一看，天哪，太可怕了！远远的天空塌[21]下来一大块，露出了一个黑黑的大窟窿（kū·long）。山上到处是大火，地上到处是洪水，许多人都在喊着："救命啊，救命啊！"

看到这些可怜的人，女娲难过得掉下了眼泪。她立刻找到雨神，求他下了一场大雨，把山火熄灭了。她又造了很多小船，救出了洪水中的人。可是天还没有补好，怎么办呢？

女娲决定把天补上。于是，她跑到山上，寻找补天用的五彩石。她找了几天几夜，找到了红、黄、蓝、白四种颜色的石头，还缺少一种青石。她又找啊找啊，终于在清清的河水中找到了。

五彩石都找到了，女娲用神火把五彩石化成了液体（yè tǐ），装在一个大盆里，端[22]到天边，对着那个黑黑的大窟窿，往上一泼[23]，大窟窿立刻补好了。人们又重新过上了幸福的生活。

现在，人们常常看到天边五彩的云霞（yúnxiá），传说那就是女娲补天的地方。

能说会用

功能：表示保证、承诺

1. 一定……

明天我一定会按时来的。

2. 保证……

我保证再也不迟到了。

3. 等……就一定……

等放了假，我就一定会去看你的。

4. 肯定……

他肯定不会骗你的。

5. ______________________________

☞想一想，说一说：

你想跟同学一起去外地旅游，妈妈不放心，你怎么向妈妈保证？

你知道吗

神话故事

“女娲补天”“盘古开天辟地”“大禹治水”都是中国民间神话故事，是中国古代劳动人民通过想象创作出来的，它描述的是中国人的祖先是从哪里来的，天地是怎么产生的，古代有哪些英雄、神仙等等。

经典诵读

Yè jīng yú qín huāng yú xī xíng chéng yú sī huǐ yú suí

业精于勤，荒于嬉；行成于思，毁于随。

——唐·韩愈《进学解》

练习

一、语音

1. 辨音辨调

从此	cóngcǐ	种植	zhòngzhí
痛苦	tòngkǔ	冬菇	dōnggū
之间	zhījiān	只见	zhǐjiàn
中心	zhōngxīn	重新	chóngxīn
带领	dàilǐng	待命	dàimìng

洪水　hóngshuǐ　　红色　hóngsè
英雄　yīngxióng　　狗熊　gǒuxióng
家园　jiāyuán　　公园　gōngyuán
牙齿　yáchǐ　　鸭子　yā · zi

2. 朗读

游子吟　　Yóu Zǐ Yín
孟郊（唐）　　Mèng Jiāo（Táng）
慈母手中线，　　Cí mǔ shǒu zhōng xiàn,
游子身上衣。　　yóu zǐ shēn shàng yī.
临行密密缝，　　Lín xíng mì mì féng,
意恐迟迟归。　　yì kǒng chí chí guī.
谁言寸草心，　　Shuí yán cùn cǎo xīn,
报得三春晖。　　bào dé sān chūn huī.

二、写出下列词语的近义词

从此________　　到处________　　连忙________
要紧________　　倒　________　　喊　________

三、把下面的四字词语补充完整

无家________　　花草________　　安居________　　代代________
________如意　　________物美　　________风顺　　________笑语

四、选词填空

（一）到处　淹没　治理　要紧　连忙　闷

1. 生病以后我一个人在家里，好________啊！
2. 明天就要考试了，复习________，我就不跟你们去看电影了。
3. 洪水可大了，田地都被________了。
4. 听说有他的快递，他________跑下楼去。

5. 那是我第一次到北京旅游，那天夜里下了一场大雪，早上起来一看，啊，________都是白白的，好美啊！

6. 大禹决心带领大家________洪水。

（二）带领　相传　从此　无家可归　黑乎乎

1. ________玉皇大帝的第七个女儿叫织女。

2. 洪水淹没了他们的房子，他们成了________的人。

3. 大禹________大家治理洪水，经过多年的努力，终于成功了。

4. 这个山洞里面________的，什么也看不见。

5. 当我第一次网购成功以后，我发现它又快又方便，________我爱上了网购。

（三）

1. ________学好汉语，我来到这里留学。（为了　因为）

2. ________我对中国文化很有兴趣，所以我要努力学好汉语。（为了　因为）

3. 请你把课文________读一遍。（再　又）

4. 这个主意________好了，就这么办！（太　很）

5. 我________喜欢这件衣服，可是________贵了，我买不起。（太　很）

五、判断指定的词语应放在句子中 A、B、C、D 哪个位置上

1. 看到王乐 A 真的来 B 了，C 佳丽 D 跑了过去。（立刻）

2. A 五年前 B 我看了一部中国电影，C 就喜欢上了中国功夫 D。（从此）

3. A 从小我 B 就想 C 看雪，这个愿望今天 D 实现了。（终于）

4. A 明天的演出 B 成功，C 我们今天晚上 D 要彩排一次。（为了）

5. 听到 A 电话 B 响了，他 C 跑过去拿起了电话 D。（连忙）

六、完成下面的句子

1. 做了好多次试验，________________________________。（终于）
2. 听说他和女朋友分手了，__________________________。（难过）
3. 前年大学毕业后他回国了，________________________。（从此）
4. 这个小孩很爱哭，________________________________。（哄）
5. 大禹______________________________，大家都很爱戴他。（带领）
6. ________________________________，我要努力学好汉语。（为了）

七、连句成段

A. 而55%的女人也有一样的感觉，不知道婆婆她老人家喜欢什么讨厌什么

B. 那就是都认为给对方的母亲选礼物最难

C. 说到选礼物，男人和女人有一点是相同的

D. 59%的男人认为给丈母娘选礼物十分困难，不知选什么好

____

八、根据课文内容，回答问题

1. 大禹第一次路过家门时，为什么不回家？

____

2. 大禹第二次路过家门时看到了什么？

____

3. 大禹第三次路过家门传的口信是什么？

____

4. 盘古为什么要头顶着天，脚踩着地？

____

5. 女娲是怎么补天的？

____

九、综合填空

今天一放学我就________地往家里跑，因为奶奶说我家的母猪要生猪宝宝了。一到家，我就跑到后院，我看见猪妈妈身边有一排小猪，________在吃奶呢。啊，一共有六只小猪，三只白的，两只黑的，还有一只是花的。小花猪身上有黑有白，________可爱了。

过________一会儿，我看到那些小猪都吃________了，好像都睡着了，猪妈妈也闭上了眼睛。我轻轻地走过去，把小花猪轻轻地________了起来，然后轻轻地往外走。可是猪妈妈不知道什么时候已经________开了眼睛，它很快地站了起来，我赶紧走出来，并把猪圈的门关上了。这下猪妈妈好像生气了，它大声地叫着，还用它的大嘴巴去撞猪圈的门，我吓坏了，就乖乖地把小花猪还给了猪妈妈。

十、从下列词语中选用六个写一段话

抱　踩　从此　到处　顶　端　倒　黑乎乎　泼　喊　闷　摸　带领

太　难过　无家可归　终于　连忙　要紧　哄　骂

____

____

____

____

第九课

优秀人物

课前热身

1. 六幅图中的人物叫什么名字？你知道他们说过的话或做过的事吗？
2. 你们国家有什么名人？他们为什么出名？
3. 你知道哪些中国的名人？他们有什么出名的事？

开心词典

足[1]　　zú　　副词

例：足有 50 公斤　足足等了 10 个小时

他足足练了三年，才学会了变脸。

忍[2]　　rěn　　动词

例：忍得住　忍不住笑了

听到林大爷病重住院的消息，丽珍忍不住哭了起来。

远见[3]　　yuǎnjiàn　　名词

例：有远见　没有远见

塞翁很有远见，大家都很尊敬他。

佩服[4]　　pèi · fú　　动词

例：很佩服　令人/让人佩服　佩服得不得了

晓萍的网店开得蒸蒸日上，家贝十分佩服她。

【近】敬佩　jìngpèi

能力[5]　　nénglì　　名词

例：能力强　有能力

你不用担心，他完全有能力做好这件事。

乐曲[6]　　yuèqǔ　　名词

例：一首乐曲　欣赏乐曲　演奏乐曲

他用钢琴演奏了一首乐曲，非常好听。

美妙[7]　　měimiào　　形容词

例：美妙的歌声　非常美妙　美妙动人

这个女孩美妙的歌声打动了全场观众。

打比方[8]　　dǎbǐ · fang

例：打个比方

打个比方，社会就像个大舞台，我们每个人都是演员。

幽默[9]　　yōumò　　形容词

例：说话非常幽默 幽默风趣

相声演员幽默的话让大家哈哈大笑。

优秀[10] yōuxiù 形容词

例：优秀的作品 优秀的演员 优秀人才 表现得很优秀

思汉是我们班最优秀的学生之一。

改编[11] gǎibiān 动词

例：改编小说 由……小说改编 把小说改编成电视剧

这部电影是根据小说《活着》改编的。

半懂不懂[12] bàndǒng-bùdǒng

例：半信不信 半饱不饱

这本小说有很多生词，我看得半懂不懂的。

但愿[13] dànyuàn

例：明天我们去爬山，但愿不要下雨。

拜访[14] bàifǎng 动词

例：登门拜访 拜访了亲友

佳丽和丽珍打算去北京拜访莫言先生。

鉴定[15] jiàndìng 动词

例：专家鉴定 鉴定中药 做出鉴定 进行鉴定

专家应该能鉴定这件文物的真假。

【近】鉴别 jiànbié

叹气[16] tàn//qì 动词

例：直叹气 连连叹气

听到林老住院的消息，思华叹了一口气。

闷闷不乐[17] mènmèn-bùlè

例：他这几天闷闷不乐，不知出了什么事儿。

自从听到母亲生病的消息，孙克就一直闷闷不乐。

一笔一画[18] yībǐ-yīhuà

例：玉兰一笔一画、认认真真地写着汉字。

表扬[19] biǎoyáng 动词

例：得到……的表扬　表扬了我　表扬表扬　表扬一下
表扬一番
同学们学习很努力，受到了老师的表扬。
【近】赞扬　zànyáng　【反】批评　pīpíng

直到[20]　zhídào　动词
例：直到……为止　直到……的时候
直到晚上十点多钟，他才回家。

重新[21]　chóngxīn　副词
例：重新开始　重新再来一次
请你把这句话重新抄写一遍。

此后[22]　cǐhòu　名词
例：此后几年　此后三十年间
我毕业时见过他一面，此后再也没见过他。

谦虚[23]　qiānxū　形容词
例：谦虚地说　谦虚地回答　很谦虚　太谦虚了　谦虚好学
谦虚使人进步，骄傲使人落后。
【反】骄傲　jiāo'ào

课文

孔子与音乐
(Kǒng zǐ)

谁是中国最有名的老师？答案是：孔子。孔子名丘（Qiū），字仲尼（Zhòng ní），春秋（Chūnqiū）时期鲁国（Lǔ guó）人。传说孔子有三千名学生，其中最有名的学生七十二位。孔子的学生写了一本名叫“论语（Lún yǔ）”的书，里面记录着孔子说过的话和做过的事。

★其中
同学们都考得很好，其中王乐考得最好。
中国菜我都喜欢，其中最喜欢的是四川菜。

孔子不但是一名好老师，也是一位音乐“发烧友(fā shāo yǒu)”，他学习音乐非常认真。孔子爱好弹古琴，他拜(bài)古琴演奏家(yǎnzòu jiā)师襄(Shī Xiāng)为师(wéishī)，师襄十分高兴。

有一天，师襄交给孔子一首曲子，让他自己练习，他足足[1]练了半个月，师襄忍[2]不住对他说：“你可以换个曲子练练了。”

孔子说：“不行。我只学到了曲子，拍子(pāi · zi)还没有学好。”

过了一段时间，师襄说：“你可以学新曲子了。”

孔子说：“不行。我还没有理解曲子的主题(zhǔ tí)。”

又过了一段时间，孔子对师襄说：“我现在才理解了曲子的主题。我觉得作者是一个乐观而有远见[3]的人，这个人是不是周文王(Zhōu Wénwáng)？除了他好像没有第二个人可以写出这样的曲子。”

师襄非常佩服[4]孔子，说：“你说得对。相传(xiāngchuán)这首曲子就是周文王写的。”

孔子不但爱好古琴，他的音乐欣赏能力[5]也很强。相传孔子听过很多乐曲[6]，其中他最喜欢的是《韶(Sháo)》乐。他在齐国听了《韶》乐之后，脑子里全是美妙[7]的乐曲，甚至好几个月都品尝不出肉的香味。这就是“三月不知肉味”的故事，后来大家用这句话来形容一个人做事非常认真专心，把其他的事都忘记了。

★不但……也……

他不但喜欢弹琴，也喜欢跳舞。

★发烧友

电影发烧友；京剧发烧友

★拜……为师

我想拜你为师，向你学习唱京剧。

★拍子

打拍子

★主题

一个主题

电影的主题；小说的主题

★者

作者；读者；记者

★除了

除了汉语，他还会说英语。

我觉得这次考试，除了他，没人能考一百分。

★相传

相传女娲创造了人类。

相传盘古开天辟地。

会话

Mò yán
说不完的莫言

piān yǎnjiǎng
志龙：大伟，我最近看了一篇演讲，很有趣，作者也很有名。

大伟：作者是谁啊？

志龙：莫言。

Nuòbèi ěr wénxuéjiǎng
大伟：莫言？那个获得诺贝尔文学奖的中国作家吗？

志龙：对，他是目前中国唯一获得诺贝尔文学奖的人。

大伟：哦，他都说了些什么呀？

Déguó gāo yā guō
志龙：他说他有一次去德国，买到了太太喜欢的高压锅。

fū rén
大伟：哦？太有意思了！没想到莫言的夫人也喜欢做饭。

shēngchǎn
志龙：其实莫言是打比方[8]，他说高压锅一次可以生产很多个，而且样子和质量都得一样。但文学最怕的就是完全一样。

大伟：哈哈，他真幽默[9]！他还说了什么？

wénxuézuòpǐn yīnggāi
志龙：他说优秀[10]的文学作品应该是既要有自己的特色，也要让全世界的人喜欢。

Hóng gāoliáng
大伟：嗯，说得真好！我很喜欢看电影《红高粱》，听说就是根据

xiǎoshuō
他的小说改编[11]的。

志龙：是的，我也看过，很有中国味儿！

大伟：图书馆里有很多莫言的小说，可惜我看得半懂不懂[12]的。

志龙：别着急，天下无难事，只怕有心人。你有不懂的地方，多查查词典。

大伟：我很用心，也查了词典，但还是看不明白。

志龙：这篇演讲不难，你肯定能看懂。

大伟：但愿[13]如此（rú cǐ）。如果有一天我能像莫言那样，拿到诺贝尔文学奖就好了。

志龙：那你现在就把我所有的课本都签上名（qiān míng），等你拿了奖，我就说："看，诺贝尔奖得主是我同屋。"

大伟：哈哈，你比莫言还幽默。

阅读课文

齐白石晚年自省
Qí Báishí wǎnnián zì xǐng

齐白石是中国著名的书画大师（dà shī）。

1952年，齐白石已是88岁高龄（gāolíng）。有一天，诗人艾青（shīrén Ài Qīng）来拜访[14]他，还带来了一幅画，请他鉴定[15]真假。齐白石拿出放大镜（fàng dà jìng），仔细看了看，对艾青说："我用刚画好的两幅画跟你换这幅，行吗？"

艾青听后，赶紧收起这幅画，笑着说："您就是拿20幅，我也不换。"齐白石叹了一口气[16]，说："我年轻时画画多认真呀，现在退步（tuì bù）了。"原来，艾青所带来的这幅画正是齐白石年轻时的作品。

艾青走后，齐白石一直闷闷不乐[17]。一天夜里，他儿子起来上厕所（cè suǒ），发现父亲书房里的灯亮着，走进去一看，原来父亲坐在书桌前，一笔一画[18]地描红（miáohóng）。

儿子觉得很奇怪，问道："爸爸，您都这么大年纪（nián jì）了，已经是非常有名的大画家了，怎么半夜起来描红，而且还描这么简单的东西？"

齐白石摇了摇头（yáotóu），说："现在我名气（míng qì）大了，很多人说我画得好，觉得我随便画一笔都很不错。我也因为这些表扬[19]骄傲（jiāo'ào）起来，放松了对自己的要求（yāoqiú）。直到[20]前几天，我看见年轻时的一幅画，才发现自己退步了。现在我重新[21]练习（liàn xí）描红，我要认真画好每一幅画。”

此后[22]，尽管年龄越来越大，但齐白石仍然坚持每天描红、画画，从不马虎（mǎ · hu）。甚至有时为了画好一幅画，花上好几个月的时间。

谦虚[23]努力，严格要求自己，正是这位书画大师成功的原因之一。

（作者：徐立新　选自《环球人物》2012年第20期　有删改）

能说会用

功能：寻求更多的信息

1. 他都说了些什么呀？
2. 他还说了些什么？
3. 你能不能说详细一点儿？
4. 当时……到底……
5. 当时还有……
6. 还有谁知道这件事？
7. 能不能多给我们讲点这方面的情况？
8. ______________________________

☞想一想，说一说：

王乐在班上通知了关于举办趣味运动会的事，大家想知道运动会的详细情况，可以怎么问？

你知道吗

1. 天下无难事，只怕有心人。

天下：世界上；无：没有；有心人：认真努力做事的人。这句俗语的意思是，世界上没有什么办不到的事情，只要下决心努力去做，任何困难都能克服。也写成“世上无难事，只怕有心人”，“世上无难事，只要肯攀登”。

例句：

天下无难事，只怕有心人。只要努力，就一定能取得成功。

2. 诺贝尔文学奖

诺贝尔奖分为物理学、化学、医学（生理学）、文学、和平五个奖项，是由瑞典的诺贝尔先生捐钱，委托瑞典政府设立的。中国当代作家莫言荣获2012年诺贝尔文学奖。

经典诵读

Zhī zhī wéi zhī zhī, bù zhī wéi bù zhī, shì zhī yě.

知之为知之，不知为不知，是知也。

——《论语·为政》

练习

一、语音

辨音辨调

出色　chūsè	出彩　chūcǎi
初级　chūjí	初中　chūzhōng
理想　lǐxiǎng	你想　nǐ xiǎng
马虎　mǎ · hu	马夫　mǎfū
佩服　pèi · fú	陪护　péihù

优秀 yōuxiù	有序 yǒuxù
直到 zhídào	知道 zhīdào
晚年 wǎnnián	往年 wǎngnián
表扬 biǎoyáng	抱养 bàoyǎng
厕所 cèsuǒ	色素 sèsù
但愿 dànyuàn	单元 dānyuán
改编 gǎibiān	改变 gǎibiàn
头脑 tóunǎo	徒劳 túláo

二、写出下列词语的反义词和近义词

1. 写出反义词

表扬________ 退步________ 骄傲________ 马虎________

幽默________ 简单________ 乐观________ 真________

2. 写出近义词

佩服________ 表扬________ 鉴定________ 谦虚________

三、选择合适的量词填空

口 首 幅 段 部 篇 本 张

一________曲子 一________时间 一________脸谱 一________气

一________演讲 一________电影 一________词典 一________画

四、选词填空

（一）足足 忍不住 其中 重新 直到 能力 半懂不懂 远见

1. 今天的作业真多啊，我________写了三个小时才写完。
2. 我把今天学的课文________读了一遍，把生词写了三遍。
3. 这句话是什么意思啊？我觉得自己好像________的，你给我讲讲吧。
4. 听了他讲的笑话，我们________哈哈大笑起来。
5. 莫言写了不少小说，这只是________的一篇。

6. 早在十几年前，妈妈就告诉我汉语很重要，现在看来她真有________呢！

7. 他虽然个子小小的，长得也不帅，但他是一个很有________的人，什么事交给他去做，他都能做好。

8. 上个星期一我们就开始期末考试了，________昨天才全部考完。

（二）佩服　退步　要求　优秀　幽默　表扬　但愿

1. 思汉的这篇作文写得很好，得到了老师的________。

2. 王老师上课很________，常常让我们哈哈大笑。

3. 参加完他们的毕业晚会，我在心里说：________他们都能拥有美好的人生。

4. 马老师________我们上课的时候只能说汉语。

5. 玛丽是我们班的________学生，她不仅学习好，还常常帮助同学。

6. 暑假时，我回国了，一个多月没怎么说汉语。开学后回到学校，我觉得自己的汉语口语________了很多。

7. 他的汉语说得像中国人一样，我真________他。

（三）此后　直到　赶紧　从不

1. 去年他毕业后我就没有见过他了，________昨天他回母校，我才找他要了电话号码。

2. 一回到家，小李就________洗菜、炒菜、做饭，一会儿就做好了全家人的午饭。

3. 你就相信他吧，我知道他这个人是________说假话的。

4. 上大学的时候我就和他分手了，________再也没有见过他了。

（四）

1. 你说什么呀，我________相信你的话呢！（从不　才不）

2. 他学习非常努力，________迟到，也没有请过一次假。（从不　才不）

3. 请佳丽下课________到王老师办公室去一下，老师找她。（此后　以后）

4. 三年前我去过一次泰国，________再也没去过了。（此后　最后）

5. 昨天晚上我________都在复习《初级汉语语法》，________十点半才睡觉。（直到　一直）

6. 为了实现我的理想，我会________努力下去的。（直到　一直）

7. 你怎么________来呀？火车已经开走啦！（便　就　才）

8. 我________是要跟你一起去，才不管下不下雨呢。（便　就　才）

五、判断指定的词语应放在句子中 A、B、C、D 哪个位置上

1. A 那是老师第一次要求我 B 写日记，C 我就一直坚持到现在 D。（此后）

2. A 他写的书 B 真不少呢，C 这只是 D 的一本。（其中）

3. 他 A 在那里 B 等你半天了，你 C 去 D 看看他吧。（赶紧）

4. 这个孩子 A 打人 B 骂人，还 C 爱帮别人，大家都 D 很喜欢他。（从不）

5. A 他一回家就 B 进书房了，C 吃晚饭时才 D 出来。（直到）

六、完成下面的句子

1. 请问这篇作文要写多少字啊？________________。（要求）

2. A：你复习得这么认真，明天一定能考好的。

   B：________________，我也不知道。（但愿）

3. 这次我没考好，________________。（马虎）

4. 他钢琴弹得太好了，________________。（佩服）

5. 他是我们班的优秀学生，________________。（从不）

6. 听说王老师找你半天了，________________。（赶紧）

7. 去年我俩表演了一个相声，________________。（此后）

七、改写句子

照例子，用“就是……也……”改写句子

例：两块钱一个我不卖。100 块我也不卖。

就是你给我 100 块钱，我也不卖。

1. 明天下雨我不去。不下雨我也不去。

2. 夏天他要去游泳。冬天他也要去游泳。

3. 如果不忙，我会去看这部电影。如果很忙，我也会去看这部电影。

八、连句成段

A. 爸爸妈妈工作都很忙

B. 小刚今年 8 岁，他跟爸爸妈妈、爷爷奶奶一起生活

C. 只有周末的时候全家人才能一起出去玩一天

D. 所以中午放学后，都是爷爷奶奶给他准备午饭

A. 他们有两个儿子

B. 老大大学毕业以后就出国了

C. 老张夫妇今年已经快 60 岁了

D. 老二今年刚结婚，有了自己的房子

E. 所以平时家里只有他们老两口

九、根据课文内容，判断句子的对错

1. 孔子是中国古代著名的钢琴家。（　　）

2. 《论语》是记录孔子言行的一本书。（　　）

3. 孔子学习弹琴非常不认真。（　　）
4. 齐白石晚年仍然坚持画画，从不马虎。（　　）
5. 莫言是获得了诺贝尔文学奖的中国作家。（　　）

十、综合填空

有一个长得不胖不瘦，各方面都很出色的姑娘爱上了一个小伙子，________她一直不敢告诉小伙子。因为她觉得自己太胖，怕小伙子不喜欢自己，总想等自己减肥成功________再说。两年过去了，这个姑娘为了减肥，吃的东西越来越少，________不吃主食，只吃一点水果。看着小伙子的女朋友换了一个又一个，这个姑娘很痛苦，________那个小伙子________知道有个姑娘很爱他。其实这个姑娘应该大胆一点，即使不成功，____应该对小伙子说出自己的心里话。

十一、从下列词语中选用六个写一段话

此后　理想　马虎　佩服　要求　优秀　幽默　直到　表扬　但愿
赶紧　就是……也……　比……还……　从不　其中　重新　谦虚
拜访

____
____
____
____
____
____

生词表

第一课

糖醋鱼	tángcùyú
辣子鸡	làzǐjī
炒	chǎo
生菜	shēngcài
排骨	páigǔ
汤	tāng
主食	zhǔshí
打	dá
脆	cuì
炸	zhá
蒸	zhēng
而	ér
合……口味	hé…kǒuwèi
原因	yuányīn
之一	zhīyī
种植	zhòngzhí
水稻	shuǐdào
小麦	xiǎomài
粒	lì
健康	jiànkāng
层	céng
下（面条）	xià（miàntiáo）
讲究	jiǎng · jiu
营养	yíngyǎng
俱全	jùquán
美味	měiwèi
咸	xián
苏州	Sūzhōu
无锡	Wúxī
上海	Shànghǎi
调料	tiáoliào
鲁菜	lǔcài
一带	yīdài
四喜丸子	sìxǐwán · zi
德州扒鸡	Dézhōu pájī
川菜	chuāncài
湘菜	xiāngcài
湖北	Húběi
江西	Jiāngxī
贵州	Guìzhōu
居民	jūmín
四川	Sìchuān
湖南	Húnán
酸菜鱼	suāncàiyú

酸辣粉	suānlàfěn	广州菜	Guǎngzhōu cài
湘西酸肉	xiāngxī suānròu	潮州菜	Cháozhōu cài
深受	shēnshòu	美洲	Měizhōu
喜爱	xǐ'ài	欧洲	Ōuzhōu
山西	Shānxī	澳大利亚	Àodàlìyà
据说	jùshuō	虾饺	xiājiǎo
醋	cù	皮蛋瘦肉粥	pídànshòuròuzhōu
广东菜	Guǎngdōng cài	马蹄糕	mǎtígāo

第二课

古老	gǔlǎo	骨头	gǔ · tou
奥运会	Àoyùnhuì	生长	shēngzhǎng
规模	guīmó	因此	yīncǐ
水平	shuǐpíng	效果	xiàoguǒ
祖国	zǔguó	南非	Nánfēi
珍惜	zhēnxī	总统	zǒngtǒng
争取	zhēngqǔ	曼德拉	Màndélā
奖牌	jiǎngpái	罗长贵	Luó Chángguì
回忆	huíyì	政府	zhèngfǔ
骨折	gǔzhé	签证	qiānzhèng
手术	shǒushù	根本	gēnběn
至少	zhìshǎo	采用	cǎiyòng
恢复	huīfù	减轻	jiǎnqīng
涂	tú	私人	sīrén
药膏	yàogāo	延长	yáncháng
扎	zhā	封	fēng
针灸	zhēnjiǔ	手腕	shǒuwàn
由于	yóuyú	消除	xiāochú

挂	guà	诊脉	zhěnmài
专家号	zhuānjiāhào	舌苔	shétāi
对症下药	duìzhèng-xiàyào	拉肚子	lā dù · zi
华佗	Huà Tuó	发汗	fāhàn
倪寻	Ní Xún	消化不良	xiāohuà bùliáng
李延	Lǐ Yán	根据	gēnjù
不约而同	bùyuē'értóng	症状	zhèngzhuàng
仔细	zǐxì	解决	jiějué

第三课

愿望	yuànwàng	姑娘	gū · niang
绝活	juéhuó	决赛	juésài
规矩	guī · ju	成功	chénggōng
实现	shíxiàn	魅力	mèilì
失望	shīwàng	最佳才艺	zuìjiācáiyì
从此	cóngcǐ	时尚	shíshàng
放弃	fàngqì	故乡	gùxiāng
求情	qiú//qíng	新疆	XīnJiāng
徒弟	túdì	拉	lā
绝望	jué//wàng	二胡	èrhú
偶然	ǒurán	吹	chuī
短片	duǎnpiàn	笛子	dí · zi
勤劳	qínláo	剧院	jùyuàn
善良	shànliáng	曲艺	qǔyì
孝顺	xiào · shùn	绕口令	ràokǒulìng
热爱	rè'ài	对联	duìlián
传统	chuántǒng	坡	pō
艺术	yìshù	立	lì

鹅	é	一帆风顺	yīfān-fēngshùn
宽	kuān	步	bù
渡	dù	吹牛	chuīniú
诸葛亮	Zhūgě Liàng		

第四课

叮	dīng	浇	jiāo
陌生	mòshēng	等待	děngdài
号码	hàomǎ	可口	kěkǒu
关心	guānxīn	关系	guān · xì
响	xiǎng	亲密	qīnmì
车祸	chēhuò	轻松	qīngsōng
孤独	gūdú	趣闻	qùwén
眼镜	yǎnjìng	通话	tōnghuà
满面	mǎnmiàn	智能	zhìnéng
惊喜	jīngxǐ	功能	gōngnéng
紧	jǐn	纽约	Niǔyuē
握	wò	摩托罗拉	Mótuōluólā
孙子	sūn · zi	员工	yuángōng
福气	fú · qi	马丁 · 库伯	Mǎdīng · Kùbó
精心	jīngxīn	乔尔 · 恩格尔	Qiáo’ěr · Ēngé’ěr
转眼	zhuǎnyǎn	移动	yídòng
寒假	hánjià	拨打	bōdǎ
温暖	wēnnuǎn	出售	chūshòu
距离	jùlí	价格	jiàgé
拍照	pāizhào	美元	měiyuán
错过	cuòguò	美国	Měiguó
各种各样	gèzhǒng-gèyàng	佛罗里达州	Fóluólǐdázhōu

重量	zhòngliàng	触摸屏	chùmōpíng
款	kuǎn	事实	shìshí
邮件	yóujiàn	诺基亚	Nuòjīyà
记录	jìlù		

第五课

迷	mí	插	chā
价廉物美	jiàlián-wùměi	发票	fāpiào
考试	kǎoshì	什么的	shén · me · de
毕业	bìyè	之内	zhīnèi
营业	yíngyè	卖家	màijiā
资金	zījīn	淘宝网	táobǎowǎng
顾客	gùkè	首次	shǒucì
牌子	pái · zi	甚至	shènzhì
发展	fāzhǎn	划算	huásuàn
销售	xiāoshòu	冷静	lěngjìng
蒸蒸日上	zhēngzhēng-rìshàng	骗子	piàn · zi
印度尼西亚	Yìndùníxīyà	难受	nánshòu
食品	shípǐn	不妨	bùfáng

第六课

列	liè	隔	gé
京津城际	jīngjīn chéngjì	连接	liánjiē
高速铁路	gāosù tiělù	常客	chángkè
开通	kāi tōng	候机	hòujī
天津	Tiānjīn	订单	dìngdān
将近	jiāngjìn	航班	hángbān
小伙子	xiǎohuǒ · zi	取消	qǔxiāo

开通	kāitōng	水浒传	Shuǐhǔ Zhuàn
准时	zhǔnshí	面积	miànjī
帮手	bāngshǒu	人口	rénkǒu
南广高铁	nánguǎng gāotiě	菲律宾	Fēlǜbīn
车厢	chēxiāng	吉普尼车	jípǔníchē
鲜艳	xiānyàn	泰国	Tàiguó
身边	shēnbiān	马来西亚	Mǎláixīyà
求婚	qiúhūn	单轨火车	dānguǐ huǒchē
腼腆	miǎntiǎn	老挝	Lǎowō
刚才	gāngcái	漂流筏	piāoliúfá
回神	huíshén	东南亚	Dōngnán Yà
红娘	hóngniáng	三轮车	sānlúnchē
见证	jiànzhèng	速度	sùdù
爱情	àiqíng	人民	rénmín
效率	xiàolǜ	游客	yóukè
亲情	qīnqíng	首都	shǒudū
奋斗	fèndòu	曼谷	Màngǔ
不断	bùduàn	水上集市	shuǐshàng jíshì
上演	shàngyǎn	宽边斗笠	kuānbiāndǒulì
故宫	gùgōng	划	huá
颐和园	yíhéyuán	纪念品	jìniànpǐn
狗不理包子	gǒubùlǐbāo · zi	来来往往	láiláiwǎngwǎng
煎饼果子	jiānbǐngguǒ · zi	吉隆坡	Jílóngpō
十八街麻花	shíbājiē máhuā	街道	jiēdào
四大古典名著	sìdà gǔdiǎn míngzhù	轨道	guǐdào
西游记	Xīyóujì	乘坐	chéngzuò
红楼梦	Hónglóumèng	乘客	chéngkè
三国演义	Sānguó Yǎnyì	公里	gōnglǐ

湄公河	Méigōnghé	嘟嘟车	dūdūchē
形状	xíngzhuàng	小巧	xiǎoqiǎo
实用	shíyòng	灵活	línghuó
必不可少	bìbùkěshǎo	载客	zǎikè

第七课

塞翁失马	sàiwēng-shīmǎ	牺牲	xīshēng
战国	Zhànguó	毛病	máo · bìng
老大爷	lǎodà · ye	幸运	xìngyùn
边塞	biānsài	躲	duǒ
乐观	lèguān	灾难	zāinàn
为人处世	wéirén-chǔshì	焉知祸福	yānzhīfēifú
与众不同	yǔzhòng-bùtóng	绝对	juéduì
尊敬	zūnjìng	导致	dǎozhì
称	chēng	以德报怨	yǐdé-bàoyuàn
迷路	mílù	寓言	yùyán
安慰	ānwèi	楚国	Chǔguó
并	bìng	魏国	Wèiguó
骏马	jùnmǎ	村民	cūnmín
消息	xiāo · xi	挑	tiāo
惊慌	jīnghuāng	忌妒	jì · du
远见	yuǎnjiàn	破坏	pòhuài
然而	rán'ér	嘛	· ma
灾祸	zāihuò	县令	xiànlìng
身强力壮	shēnqiáng-lìzhuàng	惭愧	cánkuì
被	bèi	宽容	kuānróng
兵	bīng	原谅	yuánliàng
战场	zhànchǎng	犯	fàn

蜀国	Shǔguó	里	lǐ
佛教	Fójiào	白日梦	báirìmèng
圣地	shèngdì	前往	qiánwǎng
南海	Nánhǎi	化缘	huà//yuán
钵盂	bōyú		

第八课

大禹	Dàyǔ	团圆	tuányuán
水灾	shuǐzāi	三过家门而不入	sānguòjiāménérbùrù
淹没	yānmò	安居乐业	ānjū-lèyè
冲	chōng	代代相传	dàidài-xiāngchuán
垮	kuǎ	民间	mínjiān
无家可归	wújiā-kěguī	歌谣	gēyáo
治理	zhìlǐ	口信	kǒuxìn
洪水	hóngshuǐ	盘古	Pángǔ
带领	dàilǐng	黑乎乎	hēihūhū
哇哇	wāwā	祖先	zǔxiān
哄	hǒng	睁	zhēng
骂	mà	闷	mèn
顾家	gùjiā	斧头	fǔ · tóu
同行	tóngxíng	砍	kǎn
要紧	yàojǐn	巨响	jùxiǎng
远远	yuǎnyuǎn	蛋清	dànqīng
连忙	liánmáng	蛋黄	dànhuáng
抱	bào	顶	dǐng
歇	xiē	踩	cǎi
深情	shēnqíng	倒	dǎo
摸	mō	头发	tóu · fa

眉毛	méimáo	轰隆隆	hōnglónglóng
皮肤	pífū	塌	tā
血液	xuèyè	窟窿	kū · long
汗毛	hànmáo	液体	yètǐ
女娲	Nǚwā	端	duān
神通广大	shéntōng-guǎngdà	泼	pō
欢歌笑语	huāngē-xiàoyǔ	云霞	yúnxiá

第九课

孔子	Kǒngzǐ	乐曲	yuèqǔ
丘	Qiū	韶	Sháo
仲尼	Zhòngní	美妙	měimiào
春秋	Chūnqiū	莫言	Mòyán
鲁国	Lǔguó	篇	piān
论语	Lúnyǔ	演讲	yǎnjiǎng
发烧友	fāshāoyǒu	诺贝尔文学奖	Nuòbèiěr wénxuéjiǎng
拜……为师	bài……wéishī	德国	Déguó
演奏家	yǎnzòujiā	高压锅	gāoyāguō
师襄	Shī Xiāng	夫人	fūrén
足	zú	打比方	dǎbǐ · fang
忍	rěn	生产	shēngchǎn
拍子	pāi · zi	幽默	yōumò
主题	zhǔtí	优秀	yōuxiù
远见	yuǎnjiàn	文学作品	wénxué zuòpǐn
周文王	Zhōu Wénwáng	应该	yīnggāi
佩服	pèi · fú	红高粱	Hónggāoliáng
相传	xiāngchuán	小说	xiǎoshuō
能力	nénglì	改编	gǎi biān

半懂不懂	bàndǒng-bùdǒng	闷闷不乐	mènmèn-bùlè
但愿	dànyuàn	厕所	cèsuǒ
如此	rúcǐ	一笔一画	yībǐ-yīhuà
签	qiān	描红	miáohóng
名	míng	年纪	niánjì
齐白石	Qí Báishí	摇头	yáotóu
晚年	wǎnnián	名气	míngqì
自省	zìxǐng	表扬	biǎoyáng
大师	dàshī	骄傲	jiāo'ào
高龄	gāolíng	要求	yāoqiú
诗人	shīrén	直到	zhídào
艾青	Ài Qīng	重新	chóngxīn
拜访	bàifǎng	练习	liànxí
鉴定	jiàndìng	此后	cǐhòu
放大镜	fàngdàjìng	马虎	mǎ · hu
叹气	tàn//qì	谦虚	qiānxū
退步	tuìbù		